AF529359

AN ELEMENTARY SPANISH READER

This edition published by Lector House in 2024

ISBN: 978-93-5800-851-7

Lector House LLP
Registered Office: H. No. 96, Block C, Tomar Colony,
Burari, Delhi – 110084, India
info@lectorhouse.com
www.lectorhouse.com

AN ELEMENTARY SPANISH READER

EARL STANLEY HARRISON

2024

LECTOR HOUSE

LECTOR HOUSE LLP

AN ELEMENTARY SPANISH READER

BY

E. S. HARRISON

FIRST ASSISTANT IN MODERN LANGUAGES IN
THE COMMERCIAL HIGH SCHOOL, BROOKLYN, NEW YORK

Preface

The increasing study of Spanish in high schools and colleges has made necessary the preparation of a text of a simpler character than those now in common use.

In the present text, especially in the first selections, the language has been simplified so that reading may be begun at a very early stage in the pupil's work. It has not been considered necessary to supply notes, as the matter is simple and the vocabulary furnishes all necessary information. All verb forms occurring in the text, whether regular or irregular, are given in the vocabulary.

There is constant repetition of common words and expressions, so that comparatively long lessons may be assigned and the pupil may be enabled to acquire an extensive knowledge of useful every-day Spanish and become familiar with the structure of the Spanish sentence at an earlier period than has been possible heretofore.

Selection XII is taken from "Tradiciones y leyendas españolas" by Don Luciano García de Real (Barcelona, 1898). Selections IV, VI, IX, X, XIII, are taken from the "Biblioteca de las tradiciones populares españolas" (Madrid, 1886). The remaining selections are taken from various sources or adapted from English or German.

Many changes have been made in all the selections, except in the fables of Iriarte and the story by Fernán Caballero, in order to render the material suitable for beginners.

E. S. H.

Contents

EL RICO EXTREMEÑO Y EL EXTRANJERO

El cuento del pollo

Un día un pollo entra en un bosque. Una bellota cae en su cabeza. El pobre pollo cree que el cielo ha caído sobre él. Corre para informar al rey.

En el camino encuentra una gallina.

—¿A dónde vas?—pregunta la gallina.

—¡Oh!—dice el pollo,—el cielo ha caído en mi cabeza y voy a informar al rey.

—Yo voy también, si quieres,—responde la gallina y se marchan juntos el pollo y la gallina al palacio del rey.

En el camino encuentran un gallo.

—¿A dónde vas?—pregunta el gallo a la gallina.

—¡Oh!—dice la gallina—el cielo ha caído sobre la cabeza del pobre pollo y vamos a informar al rey.

—Yo voy también, si quieres,—responde el gallo y se marchan juntos el pollo, la gallina y el gallo al palacio del rey.

En el camino encuentran un pato.

—¿A dónde vas?—pregunta el pato al gallo.

—¡Oh!—dice el gallo,—el cielo ha caído en la cabeza del pobre pollo y vamos a informar al rey.

—Yo voy también, si quieres—responde el pato y se marchan juntos el pollo, la gallina, el gallo y el pato al palacio del rey.

En el camino encuentran un ganso.

—¿A dónde vas?—pregunta el ganso al pato.

—¡Oh!—dice el pato,—el cielo ha caído en la cabeza del pobre pollo y vamos a informar al rey.

—Yo voy también, si quieres,—responde el ganso y se marchan juntos el pollo, la gallina, el gallo, el pato y el ganso al palacio del rey.

En el camino encuentran un pavo. El pavo quiere ir con ellos a informar al rey que el cielo ha caído. Ninguno de los pobres animales sabe el camino.

En este momento encuentran una zorra. La zorra dice que quiere enseñarles el camino al palacio del rey. Todos van con ella; pero ella los conduce a su cubil. Aquí la zorra y sus cachorros se comen el pobre pollo y la gallina y el gallo y el pato y el ganso y el pavo. Los pobres no van al palacio y no pueden informar al rey que el cielo ha caído sobre la cabeza del pobre pollo.

Un hombre insaciable

En Extremadura vivía un hombre. El hombre era rico. Era muy rico. Tenía casas y viñas, vacas y ovejas, caballos y cerdos. Las casas eran grandes y nuevas. Las viñas tenían muchas uvas. Las vacas, las ovejas y los cerdos estaban muy gordos. Los caballos eran los más hermosos de Extremadura.

El hombre tenía todavía más. Tenía una buena mujer y buenos hijos. Tenía todo lo que podía desear; pero el hombre no estaba satisfecho. No estaba satisfecho con Dios ni con su mujer ni con sus hijos. Tampoco estaba satisfecho del tiempo.

Cuando hacía frío decía:—Hace frío; este tiempo no es bueno para mis viñas.

Cuando llovía, exclamaba:—Llueve demasiado; el tiempo está muy húmedo. Debemos tener sol.

Cuando hacía sol, tampoco estaba satisfecho. Hoy hacía mucho frío, mañana mucho calor; ora el tiempo era muy húmedo, ora muy seco.

Un día entró en su viña. Allí estaban las hermosas uvas. Tenía más uvas que todas las otras personas de Extremadura; pero no estaba satisfecho.—Estas uvas son muy pequeñas—dijo.—Hace mal tiempo; hace mucho frío. No hace bastante calor.

En este momento se presentó en la viña un hombre alto y hermoso. Este hombre dijo:—Nunca está Vd. satisfecho del tiempo. Siempre hace frío o calor, es muy húmedo o muy seco. ¿Puede Vd. hacer un tiempo mejor?—Sí,—respondió el hombre rico,—yo puedo hacer mejor tiempo.—Pues bien,—dijo el extranjero,—el año que viene debe Vd. hacer el tiempo para sus viñas.

Entonces el extranjero desapareció.

El año próximo llegó. Era el mes de marzo.—Quiero nieve,—dijo el hombre rico. Entonces empezó a nevar. Llegó el mes de abril.—Ahora quiero lluvia,—dijo el hombre rico. Entonces empezó a llover.—Muy bien,—dijo el hombre,—pero ahora quiero un tiempo caluroso. Entonces hacía sol y el hombre estaba satisfecho con sus viñas y con el tiempo.

Así el hombre hacía el tiempo todo el verano. Llovía cuando quería y hacía sol cuando quería. Tenía en la viña muchas hermosas uvas. Entonces dijo:—Mis uvas son las más hermosas de Extremadura. Nunca he visto uvas tan hermosas.

Al fin llegó el otoño y empezó la vendimia. El hombre cogió algunas uvas pero eran ácidas como el vinagre. Nunca había visto uvas tan agrias. En este momento llegó el extranjero.—Este año,—dijo—hace Vd. el tiempo. ¿Cómo encuentra las uvas?—Malas, muy malas,—respondió el hombre rico,—son ácidas como el vinagre.

Entonces dijo el extranjero,—Ya lo comprendo. Vd. ha dado a la viña nieve, lluvia, sol, calor y frío, pero ha olvidado el viento.

Los tres osos

Cerca de un bosque hermoso vivían tres osos. Estos osos eran muy buenos y amables. Habían construido una casa cómoda solamente con una puerta y una ventana. Uno de los osos era muy pequeño, uno de tamaño mediano y el otro muy grande.

Tenían en la casa todo lo necesario. Tenían un plato pequeño para el oso pequeño, un plato mediano para el oso mediano, y un plato grande para el oso grande. Tenían una silla pequeña para el oso pequeño, una silla mediana para el oso mediano, y una silla grande para el oso grande. Tenían una cama pequeña para el oso pequeño, una cama mediana para el oso mediano, y una cama grande para el oso grande. Y esto era todo.

Una mañana tenían sopa para el almuerzo. Echaron la sopa en los platos. Pero la sopa estaba tan caliente que no podían tocarla con la lengua. Los osos, como Vds. saben, no emplean ni cucharas, ni cuchillos, ni tenedores. Los platos de sopa estaban en el suelo, porque los osos no emplean mesas.

—Vamos a dar un paseo,—dijo el oso grande;—y cuando volvamos podemos tomar la sopa.

Los osos tenían hambre, mucha hambre, pero eran muy pacientes y salieron todos a dar un paseo por el bosque; primero el oso grande, después el oso mediano y por último el oso pequeño.

Poco después entró una niña en el bosque. Vio la pequeña casa pero no sabía de quién era. Pensaba que la casa era muy hermosa y quería entrar para verla. Así, llamó a la puerta.

Nadie respondió. Ella creía que todas las personas de la casa estaban dormidas. Llamó otra vez, pero nadie respondió. Ahora creía la niña que nadie estaba en la casa. Abrió la puerta y entró. Todo parecía tan cómodo que quería quedarse allí algunos minutos. Estaba muy cansada y quería descansar.

Vio la niña los tres platos en el suelo. Tenía mucha hambre y quería probar la sopa. Probó la sopa que estaba en el plato grande. Estaba muy fría. Entonces probó la sopa que estaba en el plato mediano; pero estaba muy caliente. Entonces probó la sopa que estaba en el plato pequeño y le gustó tanto que se la tomó toda.

Al otro lado del cuarto estaban las tres sillas. La niña quería descansar antes de ir a casa.

Primero probó la silla grande; pero era muy alta. Después probó la silla mediana; pero era muy ancha. Por último probó la silla pequeña; pero al sentarse en ella la hizo pedazos.

Luego vio las camas en la alcoba, y quería dormir la siesta antes de ir a casa.

Primero probó la cama grande; pero era demasiado blanda. Después probó la cama mediana; pero era demasiado dura. Por último probó la cama pequeña y como era muy cómoda y le gustó, se echó en ella y se durmió.

Mientras dormía los tres osos volvieron a casa. Tenían hambre después de su paseo y querían tomar la sopa. El oso grande levantó su plato y bramó:

—¡Alguien ha probado mi sopa!

Entonces el oso mediano levantó su plato y gruñó:

—¡Alguien ha probado mi sopa también!

Por último el oso pequeño levantó su plato y gritó:

—¡Alguien ha probado mi sopa y se la ha tomado!

Entonces fueron todos al otro lado del cuarto a sentarse en sus sillas. Primero el oso grande probó su silla y bramó:

—¡Alguien se ha sentado en mi silla!

Entonces el oso mediano probó su silla y gruñó:

—¡Alguien se ha sentado en mi silla también!

Entonces el oso pequeño probó su silla y gritó:

—¡Alguien se ha sentado en mi silla y la ha hecho pedazos!

Después entraron todos en la alcoba. El oso grande fue el primero que vio su cama y bramó:

—¡Alguien ha dormido en mi cama!

Entonces el oso mediano vio su cama y gruñó:

—¡Alguien ha dormido en mi cama también!

Por último vio su cama el oso pequeño y gritó con voz aguda:

—¡Alguien ha dormido en mi cama y aquí está!

Este ruido despertó a la niña. Cuando abrió los ojos y vio a los osos, estaba muy asustada. Se levantó y huyó de la casa. Los tres osos fueron a la puerta para mirar tras ella. Vieron que ella corría por el bosque hacia su casa. No la persiguieron, porque eran buenos y amables. Y eso es todo lo que sé acerca de la niña y de los tres osos que vivían en el hermoso bosque en la pequeña casa con solamente una ventana y una puerta.

Los tres barcos

Cierto hombre rico tenía tres hijos. El hijo mayor no quería quedarse en casa; quería ver el mundo. Su padre dió su consentimiento. Una mañana salió el joven de la casa de su padre. El padre le dió su bendición. También le regaló mucho dinero y un barco de oro. El joven se metió en el barco y se marchó. Llegó a una ciudad y fue a una posada. Los mozos de la posada pusieron el barco en una sala cerca de su alcoba. Entonces el joven salió a ver la ciudad.

Cuando pasó por el palacio vio un letrero en la puerta que decía:

—Dentro del palacio está escondida la hija del rey. El que la encuentre puede casarse con ella.

Él entró para buscarla; pero el rey le dijo que si no podía encontrarla dentro de tres días sería encerrado en el palacio. Él la buscó, pero no podía encontrarla y le encerraron en un cuarto del palacio.

Como el hijo mayor no volvió a casa, el segundo hijo salió a buscarle. Su padre le dió su bendición y le regaló un barco de plata. Se metió en el barco y se marchó. Después de algunos días llegó a la misma ciudad y a la misma posada que su hermano. Los mozos de la posada pusieron el barco de plata en la misma sala con el barco de oro. Vio el joven el barco de oro y conoció que su hermano estaba en la ciudad.

Salió a ver la ciudad, pasó por el palacio y vio el letrero en la puerta. Entró para buscar a la princesa. El rey dijo que allí estaba un joven encerrado porque no podía encontrarla. La misma suerte le esperaba si no podía encontrarla dentro de tres días. Él se decidió a buscarla pero tampoco la halló y le encerraron.

Como los dos hijos no volvieron a casa, el hijo menor quería ir a buscarlos. Su padre le dió su bendición y le regaló un barco de seda. Se metió en el barco y se marchó. Llegó a la misma ciudad y a la misma posada que sus hermanos. Los mozos pusieron su barco con los otros dos. Cuando vio el barco de oro y el de plata conoció que sus hermanos estaban en la ciudad.

También salió este joven a ver la ciudad. Vio el letrero en la puerta del palacio del rey. Se sentó en una piedra cerca de la puerta pensando si entraría o no. Después de algunos momentos se presentó una vieja que ofreció ayudarle. Ella preguntó si era rico. El contestó que tenía tres barcos, uno de oro, uno de plata y otro de seda. La vieja respondió:—

Debe Vd. mandar hacer un loro grande de oro con peana de plata. En vez de ojos debe tener agujeros.

Colocóse este hermoso pájaro de oro y plata cerca del palacio. Cuando lo vio el rey, quería examinarlo. Lo llevaron seis hombres al palacio. Le gustó mucho al rey este loro grande y creía que también gustaría a su hija. Por eso dijo a los seis hombres que llevasen el pájaro a la princesa. El joven, que estaba dentro del loro, miraba por los agujeros que tenía en vez de ojos. Él notó que levantaron una baldosa detrás de una cama; que bajaron una escalera; que llegaron a un patio; que abrieron la entrada a otra escalera; que bajaron ésta y llegaron a otro patio; que abrieron una puerta y allí estaba la princesa con dos compañeras. Las tres jóvenes estaban vestidas de la misma manera. Los seis hombres pusieron el loro en la alcoba de la princesa. Durante la noche el joven tenía sed y salió del loro para beber. Cuando cogió el vaso de agua tocó la mano de la princesa que también tenía sed. La princesa estaba muy asustada pero el joven le dijo que iba a librarla de aquel encierro. Ella se tranquilizó y le dijo que llevaría en el dedo una cinta roja. Como sus compañeras tendrían cintas azules, él la conocería de esta manera.

Por la mañana sacaron el loro. Entonces el joven se presentó en el palacio para buscar a la princesa. El rey le dijo que era necesario encontrarla dentro de tres días. Si no podía hacer esto le encerrarían con sus dos hermanos. Él insistió en entrar y comenzó a buscar. El primer día fingió no poder encontrarla. El segundo día sucedió lo mismo. El tercer día, levantó la baldosa detrás de la cama, bajó la escalera, llegó al patio, abrió la entrada a la otra escalera, la bajó y llegó al otro patio, abrió la puerta y vio las tres jóvenes. El rey creía que no le era posible reconocer a la princesa entre sus compañeras. Pero él la escogió porque vio la cinta roja en su dedo. Entonces el rey dijo:

—No tengo más remedio que darle mi hija por esposa, porque la ha encontrado Vd. dentro de tres días.

El rey puso en libertad a los dos hermanos del joven. Éste envió por su padre, y con mucho regocijo se celebraron las bodas del hijo menor con la hermosa princesa.

El testamento

Cierto lugareño estaba a punto de morir. No era muy rico. Sólo tenía un perro y un caballo. No tenía hijos pero tenía una mujer.

Poco antes de morir, llamó a su mujer y le dijo:

—Ya sabes que voy a morir. No te he olvidado en mi testamento; pero no soy rico y no tengo más bienes que un perro y un caballo.

—Yo apreciaré tu recuerdo, marido mío,—dijo la mujer llorando.

—Después de mi muerte,—continuó el marido,—debes vender el caballo y entregar el dinero a mis parientes.

—¡Cómo! ¿debo entregar el dinero a tus parientes?

—Sí; pero espera. Te regalo generosamente el perro. Puedes venderlo, si quieres, o puedes conservarlo para guardar la casa. Es un animal fiel. Te servirá de gran consuelo.

El lugareño se murió. La mujer quería obedecer a su marido. Una mañana cogió el caballo y el perro y los llevó a la feria.

—¿Cuánto quiere Vd. por ese caballo? preguntó un hombre.

—Quiero vender el caballo y el perro juntos,—respondió la mujer.—Quiero por el perro cien duros y por el caballo diez reales.

—Acepto,—dijo el hombre,—porque el precio de los dos juntos es razonable.

La buena mujer dió a los parientes de su marido los diez reales que recibió por el caballo y conservó los cien duros que recibió por el perro. Así obedeció a su marido.

Don Juan Bolondrón

Una vez había un pobre zapatero llamado Juan Bolondrón. Un día estaba sentado en un banco tomando una taza de leche. Había varias moscas en el banco cerca de algunas gotas de leche. Don Juan mató siete de ellas de un golpe. Entonces gritó:

—Yo soy muy valiente, y desde hoy me llamo Don Juan Bolondrón Matasiete.

Había cerca de la ciudad un bosque. Dentro del bosque había un jabalí que hacía mucho mal a los habitantes. Ya se había comido a muchos de ellos. El rey había enviado mucha gente para matarlo. Algunos de estos hombres se habían fugado por miedo; el jabalí se había comido a los otros. Dijeron al rey que había en la ciudad un hombre muy valiente que se llamaba Don Juan Bolondrón Matasiete.

—¡Oh!—dijo el rey.—Debo conocer a este hombre. Díganle que venga al palacio al instante.

Le llevaron al palacio y cuando le vio el rey, le dijo:

—Hombre, dicen que eres muy valiente. ¿Es verdad que matas siete de un golpe?

—Sí, Vuestra Majestad;—le contestó.

—Pues bien—le dijo el rey—Tengo una hija muy bonita y te la doy por esposa si matas el jabalí que hace tanto mal a los habitantes de la ciudad. ¿Tienes bastante valor?

—Sí, Vuestra Majestad—respondió el zapatero.

—Está bien; pero si no lo matas, perderás la cabeza.

Al día siguiente Don Juan Bolondrón se preparó bien y salió a buscar el jabalí. Estaba tiritando de miedo. Era bastante valiente para matar moscas pero no para matar jabalíes. Este día el jabalí era más feroz que nunca, porque en tres días no había comido nada. Juan empezó a pensar en el mejor modo de matar el animal. Creía que era muy probable que el animal le matara a él. Nunca había tenido en las manos más armas que las de su zapatería. Cuando llegó al bosque, salió el jabalí, furioso de rabia y de hambre. Cuando Don Juan lo vio, empezó a correr en la dirección del palacio, y tras él, el jabalí. Don Juan llegó al palacio y se metió detrás de la puerta de la calle. El jabalí entró en el patio, donde fue matado por los soldados del rey. En este momento Don Juan corrió al patio con la espada en mano. Reprendió a los soldados por haber matado el animal. Después fue derecha al rey que había salido para saber la causa del ruido.

—¿Qué es esto, Don Juan?—preguntó el rey.

—Vuestra Majestad,—respondió Don Juan,—no he querido matar el jabalí; he querido traerlo vivo al palacio; pero esos soldados lo han matado cobardemente.

—Eres muy valiente, Don Juan, y mereces por esposa la princesa mi hija.

Le dieron un cuarto en el palacio y después de algunos días se celebraron las bodas. La princesa no sabía que se casaba con un pobre zapatero.

Pensaba Don Juan muchas veces en las miserias de su vida pasada, y hacía comparación con su dicha presente. En consecuencia de esto, una noche soñó con su zapatería y habló de sus hormas y de su lesna.

La princesa oyó estas palabras y estaba muy triste. Creía que tal vez se había casado con un zapatero. Al día siguiente fue a su padre y le dijo:

—Señor padre, tal vez me he casado con un zapatero porque anoche en sueños ha hablado de sus hormas y de su lesna.

El rey llamó a su presencia a Don Juan Bolondrón Matasiete y le preguntó:

—¿Hombre, eres zapatero y te has atrevido a casarte con mi hija?

—Señor,—dijo Don Juan,—la señora princesa no comprendió bien lo que yo decía. Yo soñaba que estaba luchando con el jabalí y decía a mi esposa que el animal tenía la cara de horma y los colmillos de lesna, y esto es todo.

El rey estaba satisfecho y su hija también y los dos esposos vivieron felices muchos años.

Buena ganga

Una mañana entró un caballero en la tienda de un prendero. Él sacó un cuadro y dijo con cortesía:

—Voy ahora a la oficina. ¿Hará Vd. el favor de guardarme este cuadro? Lo recogeré por la tarde cuando vuelva a casa.

—Con mucho gusto, caballero,—respondió el prendero.

—Espero que no lo toque nadie, porque es un cuadro de gran valor. Mi abuelo lo compró hace muchos años y lo apreciamos mucho.

El prendero examinó el cuadro, luego empezó a arreglar sus muebles. Después de una hora se presentó otro caballero. Quería comprar una mesa y algunas sillas. No le gustaron los muebles pero antes de marcharse vio el cuadro. Lo examinó con cuidado y luego preguntó el precio.

—No puedo venderlo,—contestó el prendero—no es mío.

El caballero lo volvió a examinar y dijo:

—Le ofrezco cien duros además del precio del cuadro si quiere Vd. venderlo.

—Ya he dicho que no puedo venderlo, pues no es mío.

El caballero se marchó y después de algunos minutos volvió con otro hombre. Dijo que éste era pintor.

Los dos hombres examinaron el cuadro con cuidado, hablaron en secreto algunos minutos y después el comprador dijo al prendero:

—Doy cuarenta mil reales por el cuadro y cuatro mil reales para Vd., si quiere venderlo.

—Caballero,—dijo el prendero—si quiere Vd. volver mañana, tal vez pueda yo vender el cuadro; pero ahora no puedo prometer nada.

Cuando se marcharon los dos, el prendero escondió el cuadro. A las cuatro de la tarde volvió el dueño.

—¿En dónde está mi cuadro?

—Tengo que hablar con Vd.

—Bien, hable Vd., pero tengo prisa y quiero el cuadro. ¿Dónde está?

—¿Quiere Vd. venderlo?

—No, señor.

—Le doy cien duros por él.

—No quiero venderlo.

—Doscientos.

—Nada.

—Quinientos.

—Nada, nada.

—¿Quiere Vd. mil?

—No, señor.

—Pues debo confesar la verdad. Me han robado el cuadro y no puedo devolvérselo.

—¡Desgraciado de Vd.! ¿Qué ha hecho?—dijo el caballero.—¿Sabe Vd. que es un cuadro que vale diez mil duros?

—¡Pobre de mí! haga Vd. lo que quiera, pero no puedo darle el cuadro; me lo han robado.

El caballero se dejó caer en una silla desesperado.

Después de algunos minutos, dijo:—¿Cuánto dinero puede Vd. darme?

—Mil quinientos duros. No tengo más, aunque me lleve a la cárcel.

—No, no quiero hacer eso. Si me da Vd. ese dinero estaré satisfecho.

El prendero pagó y escondió el cuadro en la tienda, esperando al comprador.

Pasó un día, una semana, un mes y no pareció.

Entonces llamó a un pintor amigo, y le dijo:

—¿Qué le parece a Vd. este cuadro?

—Hombre, no es malo.

—¿Lo quiere Vd. comprar?

—No, señor.

—¿Cuánto vale?

—Ya sabe Vd., señor Juan, que los cuadros están muy baratos.

—Pues bien, dándolo barato.

—Hombre, si le dan a Vd. cuarenta reales, no será Vd. mal pagado.

—¿Dice Vd. cuarenta o cuarenta mil?

—Cuarenta, señor Juan, cuarenta, y es mucho.

—¡Ah! ¡me he perdido! ¡ladrones! ¡infames ladrones!

Después de esto ¿quién quiere comprar gangas?

El médico tunante

Llegó un tunante a la ciudad de Zaragoza, diciendo que sabía raros secretos de medicina. Entre otras cosas dijo que podía remozar las viejas. Muchas viejas del pueblo creyeron sus palabras.

Llegaron pues un gran número de ellas a pedirle este precioso beneficio. Él les dijo:

—Es necesario que cada una escriba en una cédula su nombre y edad.

Había entre ellas mujeres de setenta, de ochenta, y de noventa años de edad. Todas hicieron exactamente como él les había dicho porque no querían perder la dicha de remozarse. El tunante les dijo que volvieran a su posada al día siguiente.

Cuando volvieron él empezó a lamentarse y les dijo:

—Debo confesar la verdad. Una bruja me ha robado todas las cédulas. Era envidiosa de la buena suerte de Vds. Así es necesario que cada una vuelva a escribir su nombre y edad. También quiero decirles porqué es necesaria esta circunstancia. La mujer más vieja ha de ser quemada. Las otras han de tomar una porción de sus cenizas y así se remozarán.

Al oír esto se pasmaron las viejas, pero, todavía creyendo su promesa, hicieron nuevas cédulas. Pero todas tenían miedo de ser quemadas y no escribieron sus edades correctamente. Cada una se quitó muchos años.

La que tenía noventa, por ejemplo, escribió cincuenta; la de sesenta, treinta y cinco, etc.

Recibió el picarón las nuevas cédulas y luego sacó las del día anterior. Había dicho que las había perdido pero no era verdad. Comparó las nuevas cédulas con las otras y dijo:

—Ahora bien, señoras mías; ya tienen Vds. lo que les prometí; ya todas se han remozado. Vd. tenía ayer noventa años, ahora tiene cincuenta; Vd. ayer cincuenta, hoy treinta y cinco.

Hablando así las despachó a todas tan corridas como puede suponerse.

El príncipe Jalma

Había un viejo que tenía una hija muy hermosa. Él era muy ignorante y no sabía lo que era ni oro ni plata. Todos los días iba el viejo al bosque a cortar leña. Llevaba la leña a la ciudad y la cambiaba por comida para su mujer y su hija. Un día estaba cortando el tronco de un árbol grande y oyó lamentos adentro. Luego salió un negro muy feo y le dijo:

—Me has herido y morirás por esto.

El viejo se excusó, diciendo:

—Señor, perdóneme Vd. Soy muy pobre y vengo a buscar leña para mantener a mi mujer y a mi hija.

—¿Y es hermosa tu hija?—dijo el negro.

—¡Oh! sí, señor—dijo el viejo;—y mucho.

—Pues bien—le dijo el negro,—yo te perdono la vida si me das tu hija por esposa; y si no, morirás. Dentro de ocho días te presentarás aquí con la contestación. Si la niña quiere o no quiere, debes venir para decírmelo. Y ahora abre el tronco de este árbol y hallarás mucho oro. Puedes llevarlo a tu mujer y a tu hija.

El viejo cortó el árbol y adentro halló mucho oro. Cargó su burro con el oro y se fue a casa. Cuando llegó, su mujer y su hija le preguntaron porqué venía tan tarde. Él les explicó el caso y la niña dijo que consentiría en casarse con el negro para salvar a su padre. Entonces les dió todo el oro que traía. Nunca habían visto monedas de oro y no sabían que era dinero.

—¿Qué es esto?—dijeron ellas.—¿Qué medallas son éstas tan bonitas?

—Será bueno venderlas en la ciudad, padre, si es posible,—dijo la niña.

El viejo se fue a la ciudad llevando su oro. Quería venderlo, pero le dijeron que eran monedas de oro y que con ellas podía comprar muchas cosas. Él compró comida y vestidos para su familia y volvió muy contento a casa.

Al cabo de los ocho días, tomó el viejo su hacha y su burro y se fue al bosque. Dió algunos golpes al tronco del árbol y salió el mismo negro.

—¿Qué contestación me traes?—le dijo éste.

—Mi hija consiente en casarse contigo—le dijo.

—Bien—dijo el negro;—pero hay una condición y es que las bodas se celebren a oscuras y que ella nunca trate de verme, mientras yo no lo diga.

El viejo le dijo que así sería.

—Carga tu burro con todo el oro que quieras—dijo el negro—y compra todo lo que creas necesario para las bodas. Me casaré con tu hija en ocho días desde hoy.

El viejo cargó su burro de oro otra vez y volvió a casa. La hija salió a encontrarle. Él le dijo todo y ella consintió en todo lo que su novio quería.

Al cabo de los ocho días se celebraron las bodas a oscuras. La niña vivió muy feliz. El novio salía muy temprano cada mañana y volvía por la noche.

Un día vino una vecina vieja a visitarla. Le preguntó si era feliz en su matrimonio. Ella le dijo que era muy feliz y que estaba muy contenta. Después le preguntó la vieja como era su marido, si era joven o viejo, feo o hermoso. Ella dijo que no sabía porque nunca le había visto.

—¡Cómo!—dijo la vieja.—¿Te has casado y no conoces a tu marido? Esto no es posible.

—Sí—dijo ella;—pues así lo pedía antes de casarse.

—Niña—dijo la vieja.—¿cómo sabes si tu marido es un perro o si es Satanás? Es necesario verle. Toma este fósforo; cuando tu marido duerma, enciende el fósforo, y le verás.

La niña lo hizo así. Cuando llegó la media noche, encendió el fósforo y miró a su marido. Vio que era muy hermoso. Olvidó el fósforo y un pedazo cayó en la cara de su marido. Entonces él despertó y dijo:

—¡Ingrata, no has tenido palabra! Has de saber que soy un príncipe encantado. Yo soy el príncipe Jalma. Estaba a punto de salir de mi encantamiento pero ahora es imposible por mucho tiempo. Si quieres volver a verme, tienes que gastar zapatos de hierro hasta que me encuentres. Tienes que buscarme por toda la tierra.

El príncipe desapareció. La niña empezó a llorar y sintió haber seguido los consejos de la vieja. Cuando vino ésta al día siguiente, dijo a la niña:

—¿Has visto a tu marido?

—Sí—le contestó,—y lo siento muchísimo. Era un príncipe encantado y ahora nunca volveré a verle.

Se fue a la ciudad, compró zapatos de hierro y salió a buscar a su marido. Visitó muchas ciudades preguntando por el príncipe Jalma, pero ninguno le conocía. Cuando llegó al fin del mundo vio a la madre del viento del Norte y la saludó.

—¿Cómo le va, buena señora?

—Bien, hija,—le dijo;—¿qué haces aquí, cuando ni los pájaros llegan a estos lugares? Mi hijo te comerá.

—Señora—le dijo la niña,—vengo en busca de mi marido, del príncipe Jalma. Tengo que gastar zapatos de hierro hasta que le encuentre.

—Yo no le conozco, hija,—dijo la madre del Norte,—pero es probable que mi hijo le conozca. Te esconderé debajo de esta olla. Cuando llegue le preguntaré.

Cuando llegó el viento, gritó:

—¡Hu-u-u-u! a carne humana huele aquí!

—¿Qué carne humana vendría aquí, hijo,—dijo la madre,—cuando ni los pájaros llegan a estos lugares?

Pero él siguió gritando:

—¡Hu-u-u-u! a carne humana huele aquí!

Su madre puso la mesa, y después que hubo comido, le dijo:

—Tengo que pedirte un favor. ¿Quieres concedérmelo?

—Hable Vd. señora—le dijo.

—Has de saber que hay aquí una niña en busca de su marido, el príncipe Jalma. ¿Sabes donde está? ¿Le conoces?

—Que salga la niña—dijo el Norte.

La niña salió y preguntó por su marido.

—Yo no conozco a tu marido—dijo el Norte,—pero yo creo que mi amigo el Sur puede conocerle. Te llevaré allí si quieres.

La niña dijo que quería ir con él y la madre del Norte le regaló una gallina de oro y trigo de oro para vender en caso de necesidad.

El Norte la tomó en brazos y la llevó al otro fin del mundo. Allí vio a la madre del Sur y ésta le dijo:

—¿Qué haces aquí, hija, cuando ni los pájaros llegan a estos lugares? Mi hijo te comerá.

—Vengo en busca de mi marido, del príncipe Jalma. ¿No le conoce Vd. señora? El Norte, que me trajo, dijo que pudieran Vds. darme noticias de él.

—Yo no le conozco, hija; pero es probable que mi hijo le conozca. La madre del Sur la escondió debajo de una olla y pronto se oyó un gran ruido y llegó el Sur.

—¡Hu-u-u-u! a carne humana huele aquí!

—¿Qué carne humana puede venir aquí cuando ni los pájaros del cielo llegan a estos lugares? Siéntate a comer y hablaremos.

Después que hubo comido le dijo su madre:

—Quiero pedirte un favor, si me lo concedes.

—Hable Vd., señora, y se lo concederé—contestó él.

—Ha venido aquí una niña en busca de su marido, el príncipe Jalma. ¿Tú le conoces?

La niña salió y el Sur le dijo:

—No le conozco; pero te llevaré a mi amigo el Oriente y es muy probable que le conozca.

La madre del Sur dió a la niña una cruz de oro y el Sur la llevó al Oriente. Éste tampoco conocía al príncipe Jalma y ofreció llevarla a su amigo el Poniente. La madre del Oriente le regaló un peine de oro para vender en caso de necesidad.

Cuando el Oriente llegó con la niña, encontraron a la madre del Poniente. Ella recibió a la niña con gran asombro y cariño. La niña hizo las mismas preguntas y la madre contestó:

—Mi hijo le conocerá.

Entonces la escondió debajo de la olla.

Cuando llegó el Poniente, estaba muy enojado pero después que hubo comido, la madre sacó la niña y preguntó por el príncipe Jalma.

—Sí—le dijo,—le conozco, y sé donde está; te llevaré allá. Vive preso en un palacio con una vieja bruja y su hija. La hija quiere casarse con él. Nadie puede verle y él no puede ver a nadie. Duerme bajo siete llaves.

La madre del Poniente dió a la niña una taza de oro para vender en caso de necesidad.

Al fin llegó la niña al palacio y supo que dentro de cuatro días se casaría el príncipe con la hija de la bruja. Ella se sentó en el jardín, y trató de hacerse pasar por una tonta. Con este motivo se lavaba la cara con barro y hacía otras muchas tonterías. Sacó la gallina de oro y le dió el trigo. Los sirvientes del palacio refirieron esto a su señorita que vino a verlo. Luego le dijo:

—Dame la gallina de oro.

—No—dijo ella.

—Véndemela entonces. ¿Qué quieres por ella?

—Si me dejas dormir en el cuarto del príncipe, te daré la gallina.

—Bien—dijo ella;—dormirás allí.

Abrieron las siete llaves y la niña entró en el cuarto del príncipe; pero antes echaron algo en el vino del príncipe para hacerle dormir. Así la niña le encontró profundamente dormido. Fué a su cama, le sacudió y le dijo:

—Príncipe, despierta, yo soy tu esposa. He gastado los zapatos de hierro según me has pedido. Ahora te he encontrado; pero si no me reconoces te casarán con otra.

Pero él no despertó y al día siguiente la sacaron de allí y ella se fue otra vez al jardín. Sacó su peine de oro y se peinó. Salió la hija de la bruja y lo compró bajo las mismas condiciones; pero la misma cosa sucedió con el príncipe. Al tercer día sacó ella la cruz de oro, y la hija de la bruja la compró, pero la niña no podía despertar a su marido.

El cuarto día la niña sacó la taza de oro y la hija de la bruja la compró bajo las mismas condiciones. Pero el príncipe había empezado a sospechar algo y cuando le dieron el vino, no lo bebió. La niña entró en el cuarto y empezó de nuevo sus lamentaciones. Le dijo:

—Si no me reconoces esta noche soy perdida para siempre. No tengo otra cosa con que pagar mi entrada al cuarto. La hija de la bruja tiene la gallina de oro y el trigo de oro y el peine de oro, y la cruz de oro y la taza de oro. Además te casarán con ella mañana.

En este momento despertó el príncipe, le dió un abrazo y le dijo:

—¡Ninguna ha de ser mi esposa sino tú!

Al día siguiente celebró nuevas bodas con su esposa, y mandó quemar a la bruja y a su hija.

El palacio de Madrid

El rey de España quería tener un palacio muy hermoso, el mejor del mundo. Quería tener el mejor arquitecto de Europa para construir este hermoso edificio y le buscó por todas partes. Al fin encontró uno muy bueno y muy nombrado. Le prometió grandes sumas de dinero para construir su palacio. El arquitecto empezó la obra y la acabó en breve plazo. El rey estaba satisfecho. Entonces el rey dijo para sí:

—Si este hombre puede hacerme un palacio tan magnífico, puede hacer lo mismo para otro rey. Yo no quiero que otro rey tenga un palacio tan bueno, tan magnífico, como el mío. ¿Qué haré?

Un día convidó a comer al arquitecto famoso y le preguntó si podría hacer otro palacio como el que había concluido. El arquitecto contestó que sí.

El rey le manifestó que no quería que construyese otro palacio. Él quería tener el mejor palacio del mundo. Prometió darle grandes tesoros si daba su promesa de no hacer otra obra como aquélla. El arquitecto estimaba su fama más que todo y se negó a darle su palabra.

Cuando el rey vio que no podía obtener la promesa deseada, mandó que aprisionasen al arquitecto. Después de esto, le sacaron los ojos, para que no pudiera dirigir ninguna otra obra; le cortaron los brazos, para que no pudiera trazar los planos; y también le cortaron la lengua, para que no pudiera comunicar a nadie sus conocimientos. Pero le dió el rey habitación en el palacio y grandes riquezas. Todos los días estaba sentado el arquitecto a la mesa del rey. Los criados tenían que darle de comer porque no tenía brazos. Así estuvo viviendo de esa manera hasta que murió.

Sobre los pequeños pilares que forman la cornisa del palacio se puede ver el busto de un hombre. Como todos los bustos, no tiene ni brazos ni ojos. Según el pueblo este busto es la efigie del arquitecto que dirigió la erección del palacio. Se cree que el rey lo puso allí para honrarle en muerte.

Las metamorfosis del picapedrero

Había una vez un hombre que cortaba piedras de una roca. Su trabajo era largo y penoso, y muy mezquino en su salario, por lo que suspiraba tristemente. Un día, cansado de su ruda tarea, exclamó:

—¡Oh! ¿Por qué no seré yo bastante rico para pasar la vida tumbado sobre un blando lecho, provisto de cortinas que me libren de los mosquitos?

Entonces un ángel descendió del Cielo y le dijo:

—Que tu deseo sea satisfecho.

Y el hombre fue rico, y reposaba en blando lecho, provisto de cortinas de seda roja. Pero he aquí que el Rey de aquel país llega en su magnífica carroza, precedido y seguido de lujosos caballeros y rodeado de servidores que sostienen una sombrilla de oro sobre su cabeza.

El rico se sintió entristecido por este espectáculo y dijo suspirando:

—¡Oh, si yo pudiera ser rey!

Y el ángel descendió del Cielo, y le dijo:

—¡Que tu deseo sea satisfecho!

El hombre fue Rey y se paseaba en una magnífica carroza precedida y seguida de lujosos caballeros, y le rodeaban servidores que sostenían sobre su cabeza la sombrilla de oro.

El Sol brillaba de tal modo que sus rayos quemaban la hierba. El Rey se abrasaba de calor y decía que quería ser cómo el hermoso astro.

Y el ángel descendiendo del Cielo le dijo:

—¡Que tu deseo sea satisfecho!

Y el Rey fue transformado en Sol, y sus rayos se derramaban sobre la tierra, abrasando las hierbecillas y haciendo brotar el sudor del rostro de los Reyes. Pero una nube se eleva en los aires y tapa su luz. El Sol se irrita al ver su poder menospreciado y grita que se cambiaría por la nube.

Y el ángel desciende del Cielo y le dice:

—¡Que tu deseo sea satisfecho!

Y el Sol se convierte en nube que sombra a la tierra, y las hierbecillas reverdecen.

Y la nube se abrió y de sus flancos corrieron torrentes de agua que inundaron los valles, devastaron las mieses y ahogaron las bestias; pero nada podían contra una roca, a pesar de embestirla el oleaje por todos lados.

Entonces gritó la nube:

—Esa roca es más poderosa que yo; quisiera ser roca.

Y el ángel desciende del Cielo y le dice:

—¡Que tu deseo sea satisfecho!

Y la nube fue convertida en roca, y ni el ardor del Sol, ni la violencia de las lluvias podían conmoverla. Pero llega un obrero que comienza a golpearla, haciéndola pedazos con su martillo, y la roca exclama:

—Este obrero es más poderoso que yo; ¡Quisiera ser este obrero!

Y el ángel desciende del Cielo y le dice:

—¡Que tu deseo sea satisfecho!

Y el pobre hombre, transformado tantas veces, vuelve a ser el picapedrero que trabaja rudamente por un mezquino salario y vive al día contento con su suerte.

El caballo de Aliatar

D. Pedro Gómez de Aguilar tenía una magnífica finca cerca de la ciudad de Cabra. Un día del mes de noviembre le avisaron que sus colonos habían abandonado la finca a causa de una invasión de los moros. D. Pedro no podía creer las noticias y sin decir nada a sus hijos, montó a caballo y se fue a la finca para informarse del suceso.

Llovía a cántaros y no vio a nadie en el camino. Al llegar a su finca no vio a nadie tampoco y creía que ya se habían ido los moros.

Algunos momentos después se vio rodeado de cuarenta de ellos a las órdenes del famoso alcaide de Loja, Aliatar. La resistencia y la fuga eran imposibles. Gómez de Aguilar tenía que rendirse.

—¿Dónde están sus hijos?—preguntó Aliatar a D. Pedro.

—He venido solo, porque no podía creer que se atreviese Vd. a llegar hasta aquí.

Sonrió el viejo alcaide, enseñando unos dientes todavía blancos y replicó:

—Me habían ponderado mucho su finca y tenía deseos de conocerla. Pero como sus colonos habrán dado la alarma, vamos ahora hacia Carcabuey y es preciso que nos acompañe Vd.

—Aliatar, fije Vd. el precio de mi rescate, y, si no es demasiado, le doy palabra de que lo recibirá en Loja antes de dos días.

—No dudo de su palabra, mas prefiero su persona a su dinero.

—¿Quiere Vd. canjearme por uno de los suyos...?

—No tienen Vds. un prisionero nuestro que valga tanto como Vd. Así, pues, debe Vd. resignarse y seguirnos.

Se pusieron en camino, pero no se atrevían a seguir el camino frecuentado. Tenían que marchar uno a uno por sendas extraviadas. D. Pedro iba en el centro, junto a Aliatar, y los dos caballeros hablaban amigablemente.

Llegó una ocasión en que se encontraron solos, pues los de adelante habían caminado más aprisa que los de atrás. Tenían a sus pies un barranco. Al instante comprendió Gómez de Aguilar que se le presentaba una ocasión favorable para salvarse. Tiró al caudillo árabe al barranco, le sujetó y amordazó. Le quitó sus armas y le obligó a esconderse con él.

Empuñó D. Pedro su puñal y dijo a Aliatar en voz muy queda:

—Si se mueve Vd., le mato. Los suyos vendrán en seguida a buscarnos.

—Mi palabra le doy, Gómez de Aguilar. No necesita Vd. mordaza para mí.

Se la quitó su enemigo. Fiaba en la palabra de Aliatar como en la suya, porque la fama del alcaide de Loja era la de un perfecto caballero.

En efecto, pronto empezaron los árabes a buscar a su jefe y al prisionero. Algunos se dirigían al escondite. Los momentos eran supremos.

Nunca había estado Gómez de Aguilar en peligro tan inminente de su vida. Aquellos hombres no le habrían dado cuartel.

Volvió sus ojos a Aliatar. Éste no se movía y sus ojos parecían decir:

—Yo no me moveré; y no los llamaré.

Pero a veces brillaba en su mirada una viva esperanza que Gómez de Aguilar interpretaba en estas palabras:

—Pero es muy probable que nos encuentren sin llamarlos y sin moverme.

Al fin estaban dos de los moros a cuatro pasos del escondite.

Otra vez empuñó D. Pedro su puñal y miró a Aliatar.

El caudillo seguía inmóvil y sus ojos le dijeron:

—No dude Vd. de mí; no me moveré; no los llamaré.

En este momento oyeron el galope de un escuadrón y los dos moros huyeron del sitio.

El escuadrón era mandado por el Conde de Cabra. Sorprendió y derrotó a los moros. Entonces salió D. Pedro Gómez con el caudillo.

Refirió al conde lo que había ocurrido y éste le dijo:

—En rigor, Aliatar es también mi prisionero, Don Pedro. Es honor que he buscado muchas veces en los campos de batalla.

En confirmación de estas palabras el prisionero movió tristemente la cabeza y dijo al conde:

—En Alora me hirió su lanza y estuve a punto de caer en sus manos, pero me salvó este caballo. Mírenlo Vds., es atigrado, pero más fuerte y más valiente que un tigre.

Y el viejo Aliatar acarició al hermoso bruto y exclamó tristemente:

—¡Pero ahora, mi Leal, no puedes salvarme!

Esta escena conmovió igualmente a los dos caballeros, e inflamados por el mismo sentimiento.

—¡Aliatar, es Vd. libre!—exclamó D. Pedro Gómez de Aguilar.

—¡Sí, libre!—añadió el Conde de Cabra.

Como seguían los caminos intransitables el moro tenía que aceptar la hospitalidad que le ofrecieron para aquella noche.

Al llegar a un cuarto de legua de la ciudad, tenían que pasar un río. Las aguas habían crecido tanto que no aparecía paso vadeable.

Todos se detuvieron contrariados. Entonces les dijo Aliatar:

—Mi Leal les abrirá camino, si me permiten Vds. ir delante.

Entonces vieron al viejo caudillo entrar en la impetuosísima corriente como si cruzase una carretera.

Todos le siguieron felizmente por aquel *vado* que lleva todavía el nombre *del moro*.

Aquella noche obsequiaron a porfía a su libre prisionero Gómez de Aguilar y el Conde de Cabra.

A la mañana siguiente salieron a acompañarle fuera de la población.

Llegó el momento de la despedida, y Aliatar se vio rodeado de una guardia de honor.

¡Con qué efusión estrechó entonces las manos de D. Pedro y del Conde de Cabra!

—Me han vencido Vds., y, aunque estoy libre, me han maniatado.

—¿Cómo?

—Maniatado para siempre, porque ya no podré combatir contra Vds. Me han desarmado con su hidalguía más que con su valor.

—Sólo hemos hecho lo que merece Vd., Aliatar. Es Vd. uno de los más nobles de su raza.

—Les aseguro que mis soldados no volverán a invadir sus dominios.

—Dicho esto, Aliatar saltó de su caballo, cogió de su brida a Leal y se lo presentó a Gómez de Aguilar.

—Se lo doy a Vd. como recuerdo de que me hizo prisionero.

—Pues le ofrezco mi alazán en cambio,—respondió D. Pedro,—como recuerdo de que también fui prisionero de Vd.

Montó en seguida en el hermoso caballo, saltó Aliatar sobre el alazán, hizo a Leal la última caricia, y exclamando,—¡Que Alá los guarde!—se marchó a galope tendido.

Leal permaneció inmóvil, siguiendo con mirada triste a su amo.

En vano le acarició su nuevo amo.

¡Bien merecía el nombre de Leal!

Se dice que aquel hermoso caballo murió de tristeza a los pocos días.

El príncipe oso

Había una vez un comerciante que tenía tres hijas muy bonitas, sobre todo la más pequeña a quien quería mucho. Toda su fortuna consistía en un barco que tenía en el mar, con el que hacía sus negocios. Por entonces lo había mandado muy lejos y estaba aguardándolo, cuando le dieron la noticia de que se había ido a pique. El pobre hombre se puso muy triste porque, como no poseía más que aquel barco, estaba arruinado.

Así pasó algún tiempo y gastaron lo poco que tenía, cuando supo que el barco, que sólo había estado perdido, había encontrado el camino y estaba en un puerto aguardando sus órdenes.

El hombre estaba muy contento y dispuso ir al puerto donde estaba el barco y preguntó a sus hijas qué querían que les trajese.

—A mí, un vestido de seda,—dijo la mayor.

—Y a mí,—dijo la segunda,—un pañuelo bordado.

—¿Y tú, qué quieres?—dijo a la hija menor.

—Yo quiero una flor de lis del huerto que encuentre Vd. en el camino.

Se fue mi hombre, llegó al puerto y vendió el cargamento. Compró el vestido y el pañuelo, pero no pudo encontrar la flor de lis.

Como volvía a su casa, vio una casa con unos jardines tan hermosos, que dijo:—Voy a ver si en estos jardines tienen la flor de lis y me la venden.

Entró en la casa y no vio a nadie a quien preguntar, recorrió todos los jardines y al fin vio una planta con una flor de lis tan bonita, que se decidió a llevársela. Viendo que no había nadie a quien pedirla, fue y la cortó. Tan pronto como la había cortado, se le apareció un oso tan grande que retrocedió asustado.

—¿Quién te ha dado permiso para cortar esta flor?—le dijo el oso.

—Nadie, señor, sino que una de mis hijas me había pedido una flor de lis, no la he encontrado en ninguna parte, y al pasar por aquí entré a ver si estaba aquí, pero como no he visto a nadie, creí que no tenía dueño y la he cortado. ¿Cuánto tengo que pagar?

—Estas flores no se venden,—dijo el oso,—pero puesto que la has cortado, llévatela, pero en cambio has de traerme la más pequeña de tus hijas, la que ha pedido la flor.

—¡Ah! no señor,—dijo el padre,—a ese precio no quiero la flor, tómela Vd.

—No puede ser,—respondió el oso,—ya la has cortado y el daño que has hecho, sólo tu hija puede remediarlo; si no la traes, moriréis todos.

Se fue el pobre comerciante muy desconsolado y así que llegó a su casa, dió los regalos a sus hijas, que se pusieron muy contentas, pero como le veían siempre triste le preguntó la más pequeña:

—¿Porqué está Vd. tan triste padre?

—Por nada, hija mía,—contestó el padre.

—No; Vd. oculta alguna pena que no quiere decir, porque siempre que me mira, le veo a Vd. llorar.

Al fin tanto porfió la hija que el padre se lo contó todo.

Entonces la hija le dijo que la llevase a aquel jardín. El padre no quería, pero al fin la llevó al jardín y la dejó en la casa como había prometido al oso. Allí tenía todo lo que deseaba, pero sin ver a nadie en la casa; sólo de noche, solía oír unos quejidos en el jardín, pero no se atrevió a llegarse a ver lo que era. Al fin, una tarde oyó que los quejidos eran más tristes que de ordinario y se decidió a ver lo que era.

Entró en el jardín y junto a la planta de la flor de lis halló un oso tendido moribundo, con una mirada tan triste que a ella le dió compasión.

—¿Qué tienes?—le dijo.—¿Estás malo?

El oso le dijo que sí.

—¿Cómo puedo yo curarte?

Entonces el oso, señalando la flor y la planta, le contestó:

—El remedio está en tu mano.

Ella miró la planta y comprendiendo que de allí la había cortado su padre, puso la flor sobre el tallo. Después dió la mano al oso que se levantó convertido en un caballero joven y hermoso, el cual le dijo que era un príncipe encantado y que gracias a ella había salido del encantamiento; que si quería casarse con él, se la llevaría a su corte y sería princesa.

Se fueron y se casaron y fueron felices por toda su vida, llevándose ella a su padre y a sus hermanas, que también se casaron.

Adivinanzas

¿En qué mes hablan menos las mujeres?—En el de febrero.

¿Cuál es el mayor castigo para un bígamo?—Tener dos suegras.

¿Quién es el que lleva sin escrúpulo su sombrero en la cabeza, lo mismo delante de un príncipe, que de un rey, o de un emperador?—El cochero.

¿Qué es lo que llevaba Alejandro en la mano izquierda, cuando tomó la ciudad de Lamsaco?—Los cinco dedos.

¿Qué es lo que pasa el río sin hacer sombra?—El sonido de las campanas.

¿Qué es lo que se deja quemar por guardar un secreto?—El lacre.

¿Qué es lo que va de Madrid a Zaragoza sin moverse y sin dar un paso?—La carretera.

¿Cuándo entran los perros en las iglesias?—Cuando están abiertas las puertas.

¿Porqué es una mujer deforme cuando está remendando sus medias?—Porque sus manos están donde debían estar sus pies.

¿Porqué los molineros llevan sombrero gris y los carboneros negro?—Por cubrirse la cabeza.

¿En qué se parecen las mujeres a los montes?—En que tienen faldas.

¿Qué fue lo último que consiguió Isabel la Católica?—Morirse.

¿En qué se parecen las pesetas a los zapatos?—En que se gastan.

¿Qué es lo que hacen con el tiempo todos los hombres y todas las mujeres, los nobles y los plebeyos, los grandes y los pequeños, los ricos y los pobres?—Envejecer.

Anécdotas

—Señores, hay perros de más talento que sus amos.

—Yo poseo uno de esa especie.

—¿Ha leído Vd. Romeo y Julieta?

—Romeo, hace mucho tiempo; pero no he leído Julieta.

—¿Sabe Vd. nadar, Gómez?

—Sí, mi capitán.

—¿Dónde lo ha aprendido Vd.?

—En el agua, mi capitán.

—Tiene Vd. un hermoso paraguas.

—Sí, es un regalo.

—¡De veras! y ¿de quién?

—No lo sé; pero dice en el mango, "Presentado a Juan Pérez."

—¡He visto al diablo! ¡He visto al diablo!—dijo un hombre huyendo.

—¡Cómo! ¿Vd. ha visto al diablo?

—Sí, señor, en figura de borrico.

—¡Bah! ha tenido Vd. miedo de su sombra.

En un hospital.

—¿Cuántos han muerto esta noche?

—Nueve, señor doctor.

—Pues yo he recetado para diez enfermos.

—Es que el número siete se ha negado rotundamente a tomar la medicina.

Comía un inglés en una fonda y le sacaron, como era natural, pan tierno.

—Tráigame pan duro—dijo al camarero.

—No lo hay, señor—contestó éste.

—Pues que lo hagan. Yo esperaré.

En un examen.

—¿Cuántos son los elementos?

—Cinco.

—¡Cómo cinco! ¿Cuáles son?

—Agua, fuego, tierra, aire y aguardiente.

—¿Porqué el aguardiente?

—Porque mi padre, siempre que lo bebe, dice que está en su elemento.

—¡Papá, papá! Planté patatas en el huerto, y ¿sabes lo que ha salido?

—Ya lo creo. Patatas.

—No, papá; han salido unos puercos y se las han comido.

Un individuo que venía a Madrid en diligencia, entró en una posada a las doce del día y preguntó:

—¿Cuánto vale la comida?

—Doce reales.

—¿Y la cena?

—Ocho.

—Pues déme Vd. de cenar.

—¿Qué tienes José?

—¡Estoy desesperado!

—¿Por qué?

—Se me ha perdido el perro.

—¿Y por eso te desesperas?

—¡Ya lo creo! Y te juro que si no aparece, le mato.

En una posada. Un turista inglés pide liebre.

—Vamos, un guisado de liebre—dice la posadera a su marido.

—Pero, hija—responde éste en voz baja—ya sabes que no tenemos.

—¿Y qué?—replicó la mujer ingenuamente—Dale conejo... Como es inglés, no entenderá bien nuestra lengua.

Un recluta escribía a su padre una carta bastante breve y concluyó así:

No escribo más porque tengo tanto frío en los pies que no puedo tener la pluma.

Un soldado preguntó a uno de sus camaradas, que volvía de una campaña, si había hallado mucha hospitalidad en Holanda.

—¡Oh! sí, mucha; casi todo el tiempo que he estado allí, lo he pasado en el hospital.

En cierta ocasión preguntó un comerciante a un marinero:

—¿En dónde murió su padre?

—En el mar.

—¿Y su abuelo?

—En el mar.

—¿Y su bisabuelo?

—Señor, también murió en el mar como los otros dos.

—¡Ah, miserable!—dijo el comerciante—después de esos ejemplos ¿todavía se atreve Vd. a embarcarse?

Calló el marinero, meditó algunos momentos y dijo después al comerciante:

—¿En dónde murió el padre de Vd.?

—En la cama.

—¿Y su abuelo?

—En la cama.

—¿Y su bisabuelo?

—En la cama también.

—¡Ah, miserable!—dijo entonces el marinero—después de esos ejemplos ¿todavía se atreve Vd. a acostarse?

Cierta señora fue a visitar a una de sus amigas. No la encontró en casa, pero en cambio vio que los muebles estaban todos llenos de polvo. Queriendo dar a su amiga una lección, escribió con el dedo sobre el polvo que cubría mesa y sillas, la palabra: *puerca*. Al día siguiente volvió y dijo a su amiga que la tarde anterior había tenido la desgracia de no hallarla en casa.

—Sí, ya sé que estuvo Vd.; encontré su nombre escrito en todos los muebles.

Examinando a una señora como testigo de un pleito, el juez le preguntó cuántos años tenía.

—Treinta—respondió.

—¡Treinta!—observó el juez.—Hace tres años que declaró Vd. la misma edad en este juzgado.

—Es—respondió ella—que no soy de esas personas que hoy dicen una cosa y mañana otra.

Un alcalde de pueblo, yendo a visitar al gobernador de la provincia, llevó consigo a su familia.

—Tengo el honor,—le dijo,—de presentar a V. E. mi mujer y mi hija, y para que las pueda distinguir, me atrevo a advertirle que la de más edad es mi mujer.

—Yo no sé qué hacer,—dijo Juan a su mujer.—Don Cándido me escribe pidiéndome mil reales, y ya sabes que no puedo rehusar darle el dinero.

—Puedes excusarte diciendo que no has recibido la carta,—observó la esposa.

—Dices bien.

Y, en efecto, nuestro hombre tomó la pluma y escribió lo siguiente:

—Señor don Cándido: siento infinito no poder servirle; pero no he recibido la carta en que me pidió los mil reales que desea. Suyo, etc.

Un hombre muy rico envió por un médico para curarle de su enfermedad, que era pura aprensión. Cuando el médico llegó, le tomó el pulso, le preguntó qué era lo que sentía y viendo que estaba bueno según todas las apariencias, le preguntó:

—¿Come Vd. bien?

—Sí, señor.

—¿Duerme Vd. bien?

—Sí, señor.

—Bien,—dijo el médico;—voy a recetarle una medicina con que pierda Vd. todo eso.

Hallándose un marido en peligro de muerte, llamó a su mujer y le dijo:

—Moriré contento, si me das palabra de no casarte con ese oficial que te hace la corte.

—No tengas cuidado,—respondió ella,—que ya he dado la palabra a otro.

Un borracho oyó las dos
Y dijo con mucha paz
—¡Hombre! ¿dos veces la una?
Ese reloj anda mal.

Confesábase uno de prestar dinero con usura.

—Si el interés pasa de seis por ciento—decía el confesor—comete Vd. un pecado; no olvide Vd. que Dios todo lo ve desde el cielo.

—Por eso precisamente, señor cura; porque todo lo ve desde el cielo, presto al nueve por ciento, porque el 9 desde arriba le parecerá un 6.

El burro flautista[1]
Tomás de Iriarte

Esta fabulilla,
Salga bien o mal,
Me ha ocurrido ahora
Por casualidad.
Cerca de unos prados
Que hay en mi lugar,
Pasaba un borrico
Por casualidad.
Una flauta en ellos
Halló, que un zagal
Se dejó olvidada
Por casualidad.
Acercose a olerla
El dicho animal;
Y dió un resoplido
Por casualidad.
En la flauta el aire
Se hubo de colar,
Y sonó la flauta

[1] Besides blank verse and ordinary rhyme, with which we are familiar in English verse, Spanish verse has also a vocalic rhyme called assonance. When the vowels are the same beginning with the last accented syllable, but the consonants different, the rhyme is called assonance, e.g. *boca—tropa.*

Assonance of the even lines (2, 4, etc.) is the usual rule in Spanish poetry. In a short poem the same assonance is often kept throughout the composition. In *El Burro Flautista* the assonance is that of the last syllable only, e.g. *mal—casualidad.* In *El Pato y la Serpiente*, p. 40, the assonance is *a—o*, e.g. *pato—dado—canso*, etc. In *Los Dos Conejos*, p. 41, the assonance is *e—o*, e.g. *perros—conejo—compañero*, etc.

Por casualidad.
¡Oh! dijo el borrico:
¡Qué bien sé tocar!
¿Y dirán que es mala
La música asnal?
Sin reglas del arte
Borriquitos hay,
Que una vez aciertan
Por casualidad.

Sin reglas del arte, el que en algo acierta es por casualidad.

El oso, la mona y el cerdo

Tomás de Iriarte

Un oso, con que la vida
Ganaba un piamontés,
La no muy bien aprendida
Danza, ensayaba en dos pies.
Queriendo hacer de persona,
Dijo a una mona: "¿Qué tal?"
Era perita la mona,
Y respondiole: "Muy mal."
"Yo creo, replicó el oso,
Que me haces poco favor.
¡Pues qué! ¿mi aire no es garboso?
¿No hago el paso con primor?"
Estaba el cerdo presente,
Y dijo: "¡Bravo! ¡Bien va!
Bailarín más excelente
No se ha visto ni verá."
Echó el oso, al oír esto,
Sus cuentas allá entre sí,
Y con ademán modesto
Hubo de exclamar así:
"Cuando me desaprobaba
La mona, llegué a dudar:
Mas ya que el cerdo me alaba
Muy mal debo de bailar."
Guarde para su regalo
Esta sentencia un autor:
Si el sabio no aprueba, malo;

Si el necio aplaude, peor.

Nunca una obra se acredita tanto de mala como cuando la aplauden los necios.

El pato y la serpiente

Tomás de Iriarte

A orillas de un estanque
Diciendo estaba un pato:
"¿A qué animal dió el cielo
Los dones que me ha dado?
   Soy de agua, tierra y aire:
Cuando de andar me canso,
Si se me antoja, vuelo,
Si se me antoja, nado:"
   Una serpiente astuta,
Que le estaba escuchando,
Le llamó con un silbo,
Y le dijo: "Seor guapo,
   No hay que echar tantas plantas;
Pues ni anda como el gamo,
Ni vuela como el sacre,
Ni nada como el barbo.
   Y así, tenga sabido
Que lo importante y raro
No es entender de todo,
Sino ser diestro en algo."

Más vale saber una cosa bien, que muchas mal.

Los dos conejos

Tomás de Iriarte

Por entre unas matas
Seguido de perros
(No diré corría)
Volaba un conejo.
De su madriguera
Salió un compañero,
Y le dijo: "Tente,
Amigo, ¿qué es esto?"
"¿Qué ha de ser?" responde:
"Sin aliento llego...
Dos pícaros galgos
Me vienen siguiendo."
"Sí (replica el otro),
Por allí los veo...
Pero no son galgos."
"Pues ¿qué son?"—"Podencos."
"¡Qué! ¿podencos dices?
Sí, como mi abuelo.
Galgos y muy galgos:
Bien visto los tengo."
"Son podencos: vaya,
Que no entiendes de eso.'
"Son galgos, te digo."
"Digo que podencos."
En esta disputa
Llegando los perros,
Pillan descuidados
A mis dos conejos.

Los que por cuestiones
De poco momento
Dejan lo que importa,
Llévense este ejemplo.

No debemos detenernos en cuestiones frívolas, olvidando el asunto principal.

La abeja y el cuclillo

Tomás de Iriarte

Saliendo del colmenar,
Dijo al cuclillo la abeja;
"Calla, porque no me deja
Tu ingrata voz trabajar.
No hay ave tan fastidiosa
En el cantar, como tú:
Cucú, cucú, y más cucú:
Y siempre una misma cosa."
—"¿Te cansa mi canto igual?
(El cuclillo respondió:)
Pues a fe que no hallo yo
Variedad en tu panal.
Y pues que del propio modo
Fabricas uno que ciento,
Si yo nada nuevo invento,
En ti es viejísimo todo."
A esto la abeja replica:
"En obra de utilidad
La falta de variedad
No es lo que más perjudica.
Pero en obra destinada
Sólo al gusto y diversión,
Si no es varia la invención,
Todo lo demás es nada."

La variedad es requisito indispensable en las obras de gusto.

La ardilla y el caballo

Tomás de Iriarte

Mirando estaba una ardilla
A un generoso alazán,
Que, dócil a espuela y rienda,
Se adiestraba en galopar.
Viéndole hacer movimientos
Tan veloces y a compás,
De aquesta suerte le dijo
Con muy poca cortedad;
"Señor mío;
De ese brío,
Ligereza
Y destreza
No me espanto;
Que otro tanto
Suele hacer, y acaso más.
Yo soy viva,
Soy activa;
Me meneo,
Me paseo;
Yo trabajo,
Subo y bajo,
No me estoy quieta jamás."
El paso detiene entonces
El buen potro, y muy formal,
En los términos siguientes
Respuesta a la ardilla da:
"Tantas idas

Y venidas;
Tantas vueltas,
Y revueltas,
Quiero, amiga,
Que me diga:
¿Son de alguna utilidad?
Yo me afano;
Mas no en vano;
Sé mi oficio;
Y en servicio
De mi dueño
Tengo empeño
De lucir mi habilidad."
Con que algunos escritores
Ardillas también serán,
Si en obras frívolas gastan
Todo el calor natural.

Algunos emplean en obras frívolas tanto afán como otros en las importantes.

VOCABULARY

Abbreviations

adj., adjective.
adv., adverb.
art., article.
coll., colloquial.
cond., conditional.
conj., conjunction.
dim., diminutive.
Eng., English.
excl., exclamation.
f., feminine.
fam., familiar.
fut., future.
imp., imperfect.
impers., impersonal.
impv., imperative.
ind., indicative.
infin., infinitive.
inter., interjection.
m., masculine.
neut., neuter.
p. p., past participle.
pers., personal.
pl., plural.
prep., preposition.
pres., present.
pres. p., present participle.
pret., preterit.
pro., pronoun.
reflex., reflexive.
sing., singular.
subj., subjunctive.
1, 1st person.
2, 2d person.
3, 3d person.

Vocabulary

A

a to, at, on

abandonado *p. p. of* **abandonar**

abandonar to abandon, leave

abeja *f.* bee

abierto *p. p. of* **abrir**; open

abrasaba *1 and 3 sing. imp. ind.* **abrasando** *pres. p. of* **abrasar**

abrasar to burn

abrazo *m.* embrace

abre *impv. sing.* **abrieron** *3 pl. pret. ind. of* **abrir**

abril *m.* April

abrió *3 sing. pret. ind. of* **abrir**

abrir to open, unlock

abrirá *3 sing. fut. ind. of* **abrir**

abuelo *m.* grandfather; **como mi abuelo** like my grandfather (*fam. Eng.*) your grandmother

acabar to finish

acabó *3 sing. pret. ind. of* **acabar**

acariciar to caress, stroke, pet

acarició *3 sing. pret. ind. of* **acariciar**

acaso perhaps

aceptar to accept

acepto *1 sing. pres. ind. of* **aceptar**

acerca de about, concerning

acercarse to approach

acercó *3 sing. pret. ind. of* **acercar**

acercose = **se acercó**

acertar to hit the mark, succeed

ácido acid, sour

acierta *3 sing. pres. ind.* **aciertan** *3 pl. pres. ind. of* **acertar**

acompañar to accompany

acompañe *1 and 3 sing. pres. subj. of* **acompañar**

acostarse to go to bed

acredita *3 sing. pres. ind. of* **acreditar**; **se acredita de malo** it is assuredly bad

acreditar to assure, prove, credit

activo active

adelante ahead, forward; **los de adelante** those ahead

ademán *m.* gesture, manner, attitude

además *adv.* besides; **además de** *prep.* besides, over and above

adentro within, inside

adiestraba *1 and 3 sing. imp. ind. of* **adiestrar**

adiestrar to guide, lead; **adiestrarse** to exercise one's self

adivinanza *f.* riddle

advertir to notify

afán *m.* zeal, eagerness

afanarse to toil excessively, to work hard

afano *1 sing. pres. ind. of* **afanar**

agrio sour

agua *f.* water

aguardando *pres. p. of* **aguardar**

aguardar to wait for, await

aguardiente *m.* brandy

agudo sharp, shrill

Aguilar *m. name of place*

agujero *m.* hole

ah ah

ahogar to drown

ahogaron *3 pl. pret. ind. of* **ahogar**

ahora now

aire *m.* air

al to the, at the; **al** (*+infin.*) on, upon; **al ver** on seeing

Alá *m.* Allah (*Arabic word for God*); **que Alá los guarde** may Allah protect you

alaba *3 sing. pres. ind. of* **alabar**

alabar to praise

alarma *f.* alarm

alazán *m.* sorrel horse

alcaide *m.* governor of a castle

alcalde *m.* mayor

alcoba *f.* bedroom

Alejandro *m.* Alexander

algo something

alguien somebody

alguno some; *pl.* some, a few

Aliatar *m. name of man*

aliento *m.* breath

almuerzo *m.* lunch, breakfast

Alora *f. name of place*

alto high, tall

allá there

allí there; **por allí** over there

amable amiable

amiga *f.* friend

amigablemente amicably, in a friendly manner

amigo *m.* friend

amo *m.* master

amordazar to gag

amordazó *3 sing. pret. ind. of* **amordazar**

ancho wide, broad

anda *3 sing. pres. ind. of* **andar**

andar to go, walk

anécdota *f.* anecdote

ángel *m.* angel

animal *m.* animal

anoche last night

anterior preceding

antes *adv.* before, first; **antes de** *prep.* before

antoja *3 sing. pres. ind. of* **antojar**

antojarse to take it into one's head

añadió *3 sing. pret. ind. of* **añadir**

añadir to add

año *m.* year; **el año que viene** next year; **hace tres años** three years ago; **cuántos años tenía** how old he (she) was

aparecer to appear

aparecía *1 and 3 sing. imp. ind.* **apareció** *3 sing. pret. ind. of* **aparecer**

apariencia *f.* appearance

aplaude *3 sing. pres. ind.* **aplauden** *3 pl. pres. ind. of* **aplaudir**

aplaudir to applaud

apreciamos *1 pl. pres. and pret. ind. of* **apreciar**

apreciar to value, esteem

apreciaré *1 sing. fut. ind. of* **apreciar**

aprender to learn

aprendido *p. p. of* **aprender**

aprensión *f.* apprehension, fear

aprisa quickly

aprisionar to imprison

aprisionasen *3 pl. imp. subj. of* **aprisionar**

aprobar to approve

aprueba *3 sing. pres. ind. of* **aprobar**

aquel, **aquella** that; *pl.* **aquellos**, **aquellas** those

aqueste this

aquí here; **he aquí** behold, here is (are); **hasta aquí** as far as this

árabe Arabian

árbol *m.* tree

ardilla *f.* squirrel

ardor *m.* great heat

arma *f.* arm, weapon

arquitecto *m.* architect

arreglar to arrange

arriba above

arruinado *p. p. of* **arruinar**

arruinar to ruin

arte *m.* art

asegurar to assure, assert

aseguro *1 sing. pres. ind. of* **asegurar**

así so, thus; **así que** as soon as

asnal *adj.* donkey

asombro *m.* amazement

astro m. heavenly body, sun, star

astuto cunning

asunto *m.* affair, matter

asustado frightened

asustar to frighten

atigrado tiger-colored

atrás backward, behind; **los de atrás** those behind

atreve *3 sing. pres. ind. of* **atrever**

atreverse to dare, venture

atrevían *3 pl. imp. ind.* **atrevido** *p. p.* **atreviese** *1 and 3 sing. imp. subj.* **atrevió** *3 sing. pret. ind.* **atrevo** *1 sing. pres. ind. of* **atrever**

aunque although, even if

autor *m.* author

ave *f.* bird

avisar to notify

avisaron *3 pl. pret. ind. of* **avisar**

ayer yesterday

ayudar to aid, assist

azul blue

B

bah bah

bailar to dance

bailarín *m.* dancer

bajar to go down

bajaron *3 pl. pret. ind.* **bajo** *1 sing. pres. ind.* **bajó** *3 sing. pret. ind. of* **bajar**

bajo *adj.* low

bajo *prep.* under

baldosa *f.* flat stone

banco *m.* bench

barato cheap

barbo *m.* barbel

barco *m.* boat

barranco *m.* ravine

barro *m.* clay, mud

bastante enough, quite, sufficiently

batalla *f.* battle

bebe *3 sing. pres. ind.* **bebió** *3 sing. pret. ind. of* **beber**

beber to drink

bellota *f.* acorn

bendición *f.* blessing

beneficio *m.* benefit

bestia *f.* animal, beast

bien well; **pues bien** well then, very well; **está bien** all right; **qué bien** how well; **bien va** first-rate

bienes *m. pl.* property

bígamo *m.* bigamist

bisabuelo *m.* great-grandfather

blanco white

blando soft

bodas *f. pl.* marriage, wedding

Bolondrón *m. name of man*

bonito pretty

bordado embroidered

borracho *m.* drunkard

borrico *m.* ass, donkey

borriquito *m. dim. of* **borrico**

bosque *m.* wood, forest

bramar to roar

bramó *3 sing. pret. ind. of* **bramar**

bravo *inter.* bravo

brazo *m.* arm

breve short

brida *f.* bridle

brillaba *1 and 3 sing. imp. ind. of* **brillar**

brillar to shine

brío *m.* spirit, vigor

brotar to bud; issue, come out

bruja *f.* witch

bruto *m.* brute, animal

bueno good, well

burro *m.* ass, donkey, burro

busca *f.* search

buscado *p. p. of* **buscar**; **buscó** *3 sing. pret. ind. of* **buscar**

buscar, to look for, search

busto *m.* bust

C

caballero *m.* gentleman, knight; sir

caballo *m.* horse

cabeza *f.* head

cabo *m.* end

Cabra *f. name of place*

cachorro *m.* cub

cada each, every; **cada uno** each

cae *3 sing. pres. ind. of* **caer**

caer to fall

caído *p. p. of* **caer**

caliente hot

calor *m.* heat, warmth; **hace (hacía) calor** it is (was) hot; **hace (hacía) mucho calor** it is (was) very hot

caluroso warm

calla *impv. sing. of* **callar**

callar to be silent

calle *f.* street

calló *3 sing. pret. ind. of* **callar**

cama *f.* bed

camarada *m.* comrade

camarero *m.* waiter

cambiaba *1 and 3 sing. imp. ind. of* **cambiar**

cambiar to change, exchange

cambiaría *1 and 3 sing. cond. of* **cambiar**

cambio *m.* change, exchange; **en cambio** on the other hand

caminado *p. p. of* **caminar**

caminar to walk

camino *m.* way, road; ponerse **en camino** to set out

campana *f.* bell

campaña *f.* campaign

campo *m.* field, country

Cándido *m. name of man*

canjear to exchange

cansa *3 sing. pres. ind. of* **cansar**

cansado tired

cansar to tire; **cansarse** to get tired

canso *1 sing. pres. ind. of* **cansar**

cantar to sing; *m.* singing

cántaro *m.* large pitcher; **llover a cántaros** to rain hard, pour

canto *m.* song, singing

capitán *m.* captain

cara *f.* face

carbonero *m.* coal-man

Carcabuey *m. name of place*

cárcel *f.* prison, jail

carga *impv. sing. of* **cargar**

cargamento *m.* cargo

cargar to load

cargó *3 sing. pret. ind. of* **cargar**

caricia *f.* caress

cariño *m.* affection, love

carne *f.* flesh, meat

carretera *f.* high-road

carroza *f.* coach

carta *f.* letter

casa *f.* house; *en casa* at home; **a casa** home

casaba *1 and 3 sing. imp. ind.* **casado** *p. p. of* **casar**

casarse (con) to marry

casarán *3 pl. fut. ind.* **casaré** *1 sing. fut. ind.* **casaría** *1 and 3 sing. cond.* **casaron** *3 pl. pret. ind. of* **casar**

casi almost

caso *m.* case, matter

castigo *m.* punishment

casualidad *f.* chance, accident

católico Catholic

caudillo *m.* chieftain

causa *f.* cause; **a causa de** on account of

cayó *3 sing. pret. ind. of* **caer**

cédula *f.* slip of paper

celebrar to celebrate

celebraron *3 pl. pret. ind.* **celebren** *3 pl. pres. subj.* **celebró** *3 sing. pret. ind. of* **celebrar**

cena *f.* supper

cenar to sup, have supper

cenizas *f. pl.* ashes

centro *m.* centre, middle

cerca de near

cerdo *m.* pig, swine

cielo *m.* sky, heaven

cien *see* **ciento**

ciento one hundred; **por ciento** per cent

cierto certain

cinco five

cincuenta fifty

cinta *f.* ribbon, band

circunstancia *f.* circumstance

ciudad *f.* city, town

cobardemente in a cowardly manner, treacherously

cochero *m.* coachman

coger to take, pick, gather; **coger de** to seize by

cogió *3 sing. pret. ind. of* **coger**

colar to filter, pass, steal into; **se hubo de colar** began to pass

colmenar *m.* apiary

colmillo *m.* tusk

colocar to place; **colocarse** to be placed

colocó *3 sing. pret. ind. of* **colocar**

colono *m.* farmer, tenant

combatir to fight

come *3 sing. pres. ind.* **comen** *3 pl. pres. ind. of* **comer**

comenzar to begin

comenzó *3 sing. pret. ind. of* **comenzar**

comer to eat, dine; **comerse** to eat up; **dar de comer** to feed

comerá *3 sing. fut. ind. of* **comer**

comerciante *m.* merchant

comete *3 sing. pres. ind. of* **cometer**

cometer to commit

comía *1 and 3 sing. imp. ind. of* **comer**

comida *f.* food; dinner, meal

comido *p. p. of* **comer**

comienza *3 sing. pres. ind. of* **comenzar**

cómo how, what

como like, as

cómodo comfortable, cozy

compañera *f.* companion

compañero *m.* companion

comparación *f.* comparison

comparar to compare

comparó *3 sing. pret. ind. of* **comparar**

compás *m.* pair of compasses; **a compás** in time, in regular time

compasión *f.* pity, compassion

compra *impv. sing. of* **comprar**

comprador *m.* buyer, purchaser

comprar to buy

comprender to understand; **ya lo comprendo** now I understand it

comprendiendo *pres. p.* **comprendió** *3 sing. pret. ind.* **comprendo** *1 sing.*

pres. ind. of **comprender**

compró *3 sing. pret. ind. of* **comprar**

comunicar to communicate

con with; **con que** so that, so then

conceder to grant

concederé *1 sing. fut. ind.* **concedes** *2 sing. pres. ind. of* **conceder**

concluido *p. p. of* **concluir**

concluir to finish, end

concluyó *3 sing. pret. ind. of* **concluir**

conde *m.* count

condición *f.* condition; *pl.* conditions, terms

conduce *3 sing. pres. ind. of* **conducir**

conducir to lead, take

conejo *m.* rabbit

confesaba *1 and 3 sing. imp. ind. of* **confesar**

confesábase = **se confesaba**

confesar to confess

confesor *m.* confessor

confirmación *f.* confirmation

conmover to move, affect

conmovió *3 sing. pret. ind. of* **conmover**

conoce *3 sing. pres. ind. of* **conocer**

conocer to know, be acquainted with

conocerá *3 sing. fut. ind.* **conocería** *1 and 3 sing. cond.* **conoces** *2 sing. pres. ind.* **conocía** *1 and 3 sing. imp. ind. of* **conocer**

conocimiento *m.* knowledge; *pl.* acquirements

conoció *3 sing. pret. ind.* **conozca** *1 and 3 sing. pres. subj.* **conozco** *1 sing. pres. ind. of* **conocer**

consecuencia *f.* consequence

consentir (**en**) to consent (to)

consentiría *1 and 3 sing. cond. of* **consentir**

conseguir to obtain, succeed

consejo *m.* advice

consentimiento *m.* consent

conservar to keep

conservó *3 sing. pret. ind. of* **conservar**

consiente *3 sing. pres. ind. of* **consentir**

consigo with himself, with him

consiguió *3 sing. pret. ind. of* **conseguir**

consintió *3 sing. pret. ind. of* **consentir**

consistía *1 and 3 sing. imp. ind. of* **consistir**

consistir (**en**) to consist (of)

construido *p. p. of* **construir**

construir to build

construyese *1 and 3 sing. imp. subj. of* **construir**

consuelo *m.* comfort, consolation

contar to relate, tell

contento, content, satisfied

contestación *f.* reply

contestar to answer, reply

contestó *3 sing. pret. ind. of* **contestar**; **contestó que sí** he answered yes

contigo with you

continuar to continue

continuó *3 sing. pret. ind. of* **continuar**

contó *3 sing. pret. ind. of* **contar**

contra against

contrariado disappointed

convertido *p. p. of* **convertir**

convertir to convert; **convertirse** to be converted

convidar to invite

convidó *3 sing. pret. ind. of* **convidar**

convierte *3 sing. pres. ind. of* **convertir**

cornisa *f.* cornice

corre *3 sing. pres. ind. of* **correr**

correctamente correctly

correr to run

corría *1 and 3 sing. imp. ind. of* **correr**

corrido *p. p. of* **correr**; abashed, ashamed

corriente *f.* current

corrieron *3 pl. pret. ind.* **corrió** *3 sing. pret. ind. of* **correr**

cortaba *1 and 3 sing. imp. ind.* **cortado** *p. p.* **cortando** *pres. p. of* **cortar**

cortar to cut, cut off

cortaron *3 pl. pret. ind. of* **cortar**

corte *f.* court; **hacer la corte** to pay attentions to

cortedad *f.* timidity, diffidence; **con muy poca cortedad** with great effrontery

cortesía *f.* politeness; **con cortesía** politely, courteously

cortina *f.* curtain

cortó *3 sing. pret. ind. of* **cortar**

cosa *f.* thing

creas *2 sing. pres. subj. of* **creer**

crecer to grow, rise

crecido p. p. of **crecer**

cree *3 sing. pres. ind. of* **creer**; **se cree** it is believed

creer to believe

creí *1 sing. pret. ind.* **creía** *1 and 3 sing. imp. ind. of* **creer**

creo *1 sing. pres. ind. of* **creer**; **ya lo creo** well I should say so

creyendo *pres. p.* **creyeron** *3 pl. pret. ind. of* **creer**

criado *m.* servant

cruz *f.* cross

cruzar to cross

cruzase *1 and 3 sing. imp. subj. of* **cruzar**

cuadro *m.* picture

cuál which, what; **el cual** who, which

cuando, **cuándo** when

cuánto how much

cuarenta forty

cuartel *m.* quarter

cuarto *m.* quarter, fourth; room

cuatro four; **a las cuatro** at four o'clock

cubil *m.* den

cubría *1 and 3 sing. imp. ind. of* **cubrir**

cubrir, **cubrirse** to cover

cuclillo *m.* cuckoo

cucú *imitation of the cuckoo's note*

cuchara *f.* spoon

cuchillo *m.* knife

cuenta *f.* account; **echar sus cuentas** to consider seriously

cuento *m.* story

cuestión *f.* question

cuidado *m.* care; **con cuidado** carefully; **tener cuidado** to be careful, to be alarmed

cura *m.* priest

curar to cure

D

D. *abbreviation of* **don**

da *impv. sing. or 3 sing. pres. ind.* **daba** *1 and 3 sing. imp. ind.* **dado** *p. p.* **dan** *3 pl. pres. ind.* **dando** *pres. p. of* **dar**

danza *f.* dance

daño *m.* injury, damage

dar to give; **dar un paso** to take a step; **dar un paseo** to take a walk; **dar de comer** to feed

daré *1 sing. fut. ind.* **das** *2 sing. pres. ind. of* **dar**

dé *1 and 3 sing. pres. subj. of* **dar**; **déme de cenar** give me supper

de of, from; **del** of the

debajo de under

debe *3 sing. pres. ind.* **debemos** *1 pl. pres. ind. of* **deber**

deber to owe; ought, must, should

debes *2 sing. pres. ind.* **debían** *3 pl. imp. ind.* **debo** *1 sing. pres. ind. of* **deber**

decía *1 and 3 sing. imp. ind. of* **decir**

decidió *3 sing. pret. ind. of* **decidir**

decidir, **decidirse** to decide

decir to say, tell

declarar to declare

declaró *3 sing. pret. ind. of* **declarar**

dedo *m.* finger

deforme deformed

deja *3 sing. pres. ind. of* **dejar**; **se deja quemar** lets itself be burned

dejan *3 pl. pres. ind. of* **dejar**

dejar to let, allow

dejas *2 sing. pres. ind.* **dejó** *3 sing. pret. ind. of* **dejar**

delante *adv.* before, ahead; **delante de** *prep.* before, in front of

demás; **lo demás** the rest

demasiado too, too much

dentro de inside of, within

derecho straight, right

derramaban *3 pl. imp. ind. of* **derramar**

derramar to pour out; **derramarse** to be scattered, spread

derrotar to rout, put to flight

derrotó *3 sing. pret. ind. of* **derrotar**

desaparecer to disappear

desapareció *3 sing. pret. ind. of* **desaparecer**

desaprobaba *1 and 3 sing. imp. ind. of* **desaprobar**

desaprobar to disapprove

desarmado *p. p. of* **desarmar**

desarmar to disarm

descansar to rest

descender to descend

descendiendo *pres. p.* **descendió** *3 sing. pret. ind.* **desciende** *3 sing. pres. ind. of* **descender**

desconsolado disconsolate, downcast

descuidado careless, negligent, carelessly

desde from, since

desea *3 sing. pres. ind.* **deseaba** *1 and 3 sing. imp. ind.* **deseado** *p. p. of* **desear**

desear to desire, wish

deseo *m.* desire

desesperado in despair

desesperarse to be in despair

desesperas *2 sing. pres. ind. of* **desesperar**

desgracia *f.* misfortune

desgraciado unfortunate; **desgraciado de Vd.** unfortunate man!

despachar to send away

despachó *3 sing. pret. ind. of* **despachar**

despedida *f.* farewell

despertar to awake

despertó *3 sing. pret. ind.* **despierta** *impv. sing. of* **despertar**

después *adv.* afterwards, then; **después de** *prep.* after; **después que** *conj.* after; **poco después** shortly after

destinado destined, intended

destreza *f.* dexterity, nimbleness

detener, **detenerse** to stop

detiene *3 sing. pres. ind. of* **detener**

detrás de behind

detuvieron *3 pl. pret. ind. of* **detener**

devastar to devastate, lay waste

devastaron *3 pl. pret. ind. of* **devastar**

devolver to return; **devolvérselo** to return it to you (*see vocabulary under* **se**)

día *m.* day; **a los pocos días** after a few days; **vivir al día** to live from hand to mouth; **todos los días** every day; **ocho días** one week

diablo *m.* devil

dice *3 sing. pres. ind. of* **decir**; **se dice** it is said, they say

dicen *3 pl. pres. ind.* **dices** *2 sing. pres. ind.* **diciendo** *pres. p. of* **decir**

dicha *f.* happiness.

dicho *p. p. of* **decir**; **dicho esto** having said this

diente *m.* tooth

dieron *3 pl. pret. ind. of* **dar**

diestro skilful

diez ten

diga *1 and 3 sing. pres. subj. of* **decir**; **dígale** tell him

dijeron *3 pl. pret. ind. of* **decir**

dijo *3 sing. pret. ind. of* **decir**; **dijo que sí** he said yes

diligencia *f.* stagecoach

dinero *m.* money

dió *3 sing. pret. ind. of* **dar**

Dios *m.* God

dirán *3 pl. fut. ind.* **diré** *1 sing. fut. ind. of* **decir**

dirección *f.* direction

dirigían *3 pl. imp. ind.* **dirigió** *3 sing. pret. ind. of* **dirigir**

dirigir to direct, address; **dirigirse** to direct oneself, turn toward, apply to

disponer to dispose, arrange

dispuso *3 sing. pret. ind. of* **disponer**

disputa *f.* dispute

distinguir to distinguish

diversión *f.* amusement

doce twelve; **a las doce** at twelve o'clock

dócil docile

doctor *m.* doctor

dominio *m.* dominion

don *m. a title preceding Christian names*

don *m.* gift

donde, **dónde** where; **a donde** where, whither; **en donde** where

dormía *1 and 3 sing. imp. ind. of* **dormir**

dormido *p. p. of* **dormir**; asleep

dormir to sleep; **dormirse** to go to sleep, fall asleep

dormirás *2 sing. fut. ind. of* **dormir**

dos two; **las dos** two o'clock; **dos veces** twice

doscientos two hundred

doy *1 sing. pres. ind. of* **dar**

dudar (de) to doubt; **llegué a dudar (de)** I was really in doubt

dude *1 and 3 sing. pres. subj. of* **dudar**; **no dude Vd.** don't doubt

dudo *1 sing. pres. ind. of* **dudar**

dueño *m.* owner

duerma *1 and 3 sing. pres. subj.* **duerme** *3 sing. pres. ind. of* **dormir**

durante during

duro hard; **pan duro** stale bread

duro *m.* dollar

E

e and. *Used instead of* **y** *before* **i** *or* **hi**

echar to throw, pour, put; **echarse** to throw oneself down, to lie down; **echar sus cuentas** to cast up accounts, to consider seriously; **echar plantas** to brag, boast

echaron *3 pl. pret. ind.* **echó** *3 sing. pret. ind. of* **echar**

edad *f.* age; **la de más edad** the oldest, elder

edificio *m.* building

efecto *m.* effect; **en efecto** indeed, in fact

efigie *f.* effigy, image

efusión *f.* effusion, emotion

ejemplo *m.* example; **por ejemplo** for example

él he; him (*after a preposition*)

el the; **el que** he who, the one who; **el de** that of

elemento *m.* element

eleva *3 sing. pres. ind. of* **elevar**

elevar to raise; **elevarse** to rise

ella she; (*after a preposition*) her, it

ellos they; (*after a preposition*) them

embarcar to embark, **embarcarse** to embark, go on shipboard

embestir to assault, rush against

empeño *m.* earnest desire, determination

emperador *m.* emperor

empezado *p. p. of* empezar

empezar to begin

empezaron *3 pl. pret. ind.* **empezó** *3 sing. pret. ind. of* **empezar**

emplean *3 pl. pres. ind. of* **emplear**

emplear to use

empuñar to grasp

empuñó *3 sing. pret. ind. of* **empuñar**

en in, on

encantado enchanted

encantamiento *m.* enchantment

encender to light

encendió *3 sing. pret. ind. of* **encender**

encerrado *p. p. of* **encerrar**

encerrar to lock up

encerrarían *3 pl. cond.* **encerraron** *3 pl. pret. ind. of* **encerrar**

enciende *impv. sing. of* **encender**

encierro *m.* imprisonment

encontrado *p. p. of* **encontrar**

encontrar to meet, find

encontraron *3 pl. pret. ind.* **encontré** *1 sing. pret. ind.* **encontró** *3 sing. pret. ind.* **encuentra** *3 sing. pres. ind.* **encuentran** *3 pl. pres. ind.* **encuentre** *1 and 3 sing. pres. subj.* **encuentren** *3 pl. pres. subj.* **encuentres** *2 sing. pres. subj. of* **encontrar**

enemigo *m.* enemy

enfermedad *f.* illness

enfermo ill, sick; *m.* patient

enojado angry, vexed, in bad humor

ensayaba *1 and 3 sing. imp. ind. of* **ensayar**

ensayar to rehearse, practise

enseñando *pres. p. of* **enseñar**

enseñar to teach, show; **enseñarles** to teach them

entender to understand; **entender de** to be a judge of

entenderá *3 sing. fut. ind.* **entiendes** *2 sing. pres. ind. of* **entender**

entonces then; **por entonces** at that time

entra *3 sing. pres. ind. of* **entrar**

entrada *f.* entrance

entran *3 pl. pres. ind. of* **entrar**

entrar (en) to enter, go in

entraría *1 and 3 sing, cond.*; **entraron** *3 pl. pret. ind.* **entré** *1 sing. pret. ind. of* **entrar**

entre between, among; **entre sí** within himself; **por entre** among

entregar to deliver, hand over

entristecido saddened

entró *3 sing. pret. ind. of* **entrar**

envejecer to grow old

enviado *p. p. of* **enviar**

enviar to send

envidioso envious

envió *3 sing. pret. ind. of* **enviar**

era *1 and 3 sing. imp. ind.* **eran** *3 pl. imp. ind. of* **ser**

erección *f.* erection

eres *2 sing. pres. ind. of* **ser**

es *3 sing. pres. ind. of* **ser**; **es que** the fact is that

escalera *f.* stair

escena *f.* scene

escoger to choose, select

escogió *3 sing. pret. ind. of* **escoger**

esconder to hide, conceal

esconderé *1 sing. fut. ind.* **escondido** *p. p.* **escondió** *3 sing. pret. ind. of* **esconder**

escondite *m.* hiding-place

escriba *1 and 3 sing. pres. subj.* **escribe** *3 sing. pres. ind.* **escribía** *1 and 3 sing. imp. ind.* **escribieron** *3 pl. pret. ind.* **escribió** *3 sing. pret. ind. of* **escribir**

escribir to write

escribo *1 sing. pres. ind.* **escrito** *p. p. of* **escribir**

escritor *m.* writer

escrúpulo *m.* scruple

escuadrón *m.* squadron, troop

escuchando *pres. p. of* **escuchar**

escuchar to listen

ese (**-a -os -as**) that; *pl.* those

eso that; **por eso** therefore, so

espada *f.* sword

espantar to frighten; **espantarse** (**de**) to be astonished (at)

espanto *1 sing. pres. ind. of* **espantar**

España *f.* Spain

especie *f.* kind

espectáculo *m.* spectacle

espera *impv. sing.* **esperaba** *1 and 3 sing. imp. ind.* **esperando** *pres. p. of* **esperar**

esperanza *f.* hope

esperar to await, wait for, hope, expect

esperaré *1 sing. fut. ind.* **espero** *1 sing. pres. ind. of* **esperar**

esposa *f.* wife

esposo *m.* husband; **los esposos** husband and wife

espuela *f.* spur

está *3 sing. pres. ind. of* **estar**; **está bien** all right

estaba *1 and 3 sing. imp. ind.* **estaban** *3 pl. imp. ind.* **estado** *p. p.* **están** *3 pl. pres. ind. of* **estar**

estanque *m.* pond

estar to be

estaré *1 sing. fut. ind.* **estás** *2 sing. pres. ind. of* **estar**

este (**-a -os -as**) this; *pl.* these

éste (**-a -os -as**) this one, the latter

estimaba *1 and 3 sing. imp. ind. of* **estimar**

estimar to esteem, value

esto this

estoy *1 sing. pres. ind. of* **estar**

estrechar to press

estrechó *3 sing. pret. ind. of* **estrechar**

estuve *1 sing. pret. ind.* **estuvo** *3 sing. pret. ind. of* **estar**

etc. etc.

Europa *f.* Europe

exactamente exactly

examen *m.* examination

examinando *pres. p. of* **examinar**

examinar to examine

examinaron *3 pl. pret. ind.* **examinó** *3 sing. pret. ind. of* **examinar**

excelente excellent

exclama *3 sing. pres. ind.* **exclamaba** *1 and 3 sing. imp. ind.* **exclamando** *pres. p. of* **exclamar**

exclamar to exclaim

exclamó *3 sing. pret. ind. of* **exclamar**

excusar to excuse

explicar to explain

explicó *3 sing. pret. ind. of* **explicar**

extranjero *m.* stranger

extraviado out of the way

Extremadura *f. a province of Spain*

F

fabricar to manufacture, make

fabricas *2 sing. pres. ind. of* **fabricar**

fabulilla *f.* little fable

falda *f.* slope (*of mountain*); skirt (*of woman*)

falta *f.* lack

fama *f.* reputation, fame

familia *f.* family

famoso famous

fastidioso tiresome

favor *m.* favor, compliment

favorable favorable

fe *f.* faith; **a fe que** in truth

febrero *m.* February

feliz happy

felizmente happily, safely

feo ugly

feria *f.* fair

feroz fierce, ferocious

fiaba *1 and 3 sing. imp. ind. of* **fiar**

fiar to trust

fiel faithful

figura *f.* form, figure

fijar to fix

fije *1 and 3 sing. pres. subj. of* **fijar**; **fije Vd.** fix

fin *m.* end; **al fin** at last

finca *f.* estate, property

fingió *3 sing. pret. ind. of* **fingir**

fingir to feign, pretend

flanco *m.* side

flauta *f.* flute

flautista *m.* flute-player

flor *f.* flower; **flor de lis** fleur-de-lis, iris

fonda *f.* inn, restaurant

formal serious, earnest

forman *3 pl. pres. ind. of* formar

formar to form

fortuna *f.* fortune

fósforo *m.* match

frecuentado frequented, travelled

frío cold; *m.* cold; **hace frío** it is cold; **hace mucho frío** it is very cold; **hacía frío** it was cold

frívolo frivolous

fue *3 sing. pret. ind. of* **ser** *or* **ir**; **se fue** he went away, went off

fuego *m.* fire

fuera de outside of

fueron *3 pl. pret. ind. of* **ser** *or* **ir**; **se fueron** they went away, went off

fuerte strong

fuga *f.* flight

fugarse to run away, flee

fui *1 sing. pret. ind. of* **ser** *or* **ir**

furioso furious

G

galgo *m.* greyhound; **y muy galgos** and very much greyhounds

galopar to gallop

galope *m.* gallop; **a galope tendido** at full gallop

gallina *f.* hen

gallo *m.* rooster, cock

gamo *m.* deer, buck

ganaba *1 and 3 sing. imp. ind. of* **ganar**

ganar to gain, earn

ganga *f.* bargain

ganso *m.* goose

garboso graceful, elegant

gastado *p. p. gastan 3 pl. pres. ind. of* **gastar**

gastar to wear, spend; **gastarse** to wear out, be spent

gastaron *3 pl. pret. ind. of* **gastar**

generosamente generously

generoso noble, generous

gente *f.* people

gobernador *m.* governor

golpe *m.* blow; **de un golpe** at one blow

golpear to strike, hit, hammer

Gómez *m.* name of man

gordo fat

gota *f.* drop

gracia *f.* grace; *pl.* thanks

gran *see* grande

grande great, large; *m.* **grandee**

gris gray

grita *3 sing. pres. ind.* **gritando** *pres. p. of* **gritar**

gritar to cry

gritó *3 sing. pret. ind. of* gritar

gruñir to growl

gruñó *3 sing. pret. ind. of* **gruñir**

guapo *m.* gallant, beau

guardar to guard, keep

guarde *1 and 3 pres. subj. of* **guardar**; **que Alá los guarde** may Allah protect you; **guarde esta sentencia un autor** let an author keep this judgment in mind

guardia *f.* guard

guisado *m.* stew, fricassee

gustar to please

gustaría *1 and 3 sing. cond. of* **gustar**

gustaron *3 pl. pret. ind. of* **gustar**; **le gustaron** they pleased him, he liked them

gusto *m.* pleasure, taste

gustó *3 sing. pret. ind. of* **gustar**; **le gustó** it pleased him (her), he (she) liked it

H

ha *3 sing. pres. ind. of* **haber**; **ha de** is to, has to, shall, should

haber to have

había *1 and 3 sing. imp. ind. of* **haber**; *impers.* there was, there were

habían *3 pl. imp. ind. of* **haber**

habilidad *f.* ability, talent

habitación *f.* room

habitante *m.* inhabitant

hablaban *3 pl. imp. ind.* **hablado** *p. p. hablan 3 pl. pres. ind.* **hablando** *pres. p. of* **hablar**

hablar to speak

hablaremos *1 pl. fut. ind.* **hablaron** *3 pl. pret. ind. of* **hablar**

hable *1 and 3 sing. pres. subj. of* **hablar**; **hable Vd.** speak

habrán *3 pl. fut. ind.* **habrían** *3 pl. cond. of* **haber**

hace *3 sing. pres. ind.* **hacen** *3 pl. pres. ind. of* **hacer**

hacer to do, make; **hacer la corte** to pay attentions to; **hacer de persona** to exalt oneself, show off; **hacer pedazos** to break into pieces; **hacer una pregunta** to ask a question; **hace frío (calor)** it is cold (hot); **hace mucho frío (calor)** it is very cold (hot); **hacía frío (calor)** it was cold (hot); **hace (hacía) sol** the sun is (was) shining; **hace mal tiempo** the weather is bad; **hace muchos años** many years ago; **hace tres años** three years ago; **hace mucho tiempo** a long time ago

haces *2 sing. pres. ind.* **hacía** *1 and 3 sing. imp. ind. of* **hacer**

hacia toward

haciendo *pres. p. of* **hacer**

hacha *f.* axe

haga *1 and 3 sing. pres. subj. of* **hacer**; **haga Vd.** do

hagan *3 pl. pres. subj. of* **hacer**; **que lo hagan have** them make it

hago *1 sing. pres. ind. of* **hacer**

hallado *p. p.* **hallando** *pres. p. of* **hallar**

hallar to find

hallarás *2 sing. fut. ind.* **hallo** *1 sing. pres. ind.* **halló** *3 sing. pret. ind. of* **hallar**

hambre *f.* hunger; **tener hambre** to be hungry; **tener mucha hambre** to be very hungry

han *3 pl. pres. ind. of* **haber**; **han de** are to, have to, must

hará *3 sing. fut. ind.* **haré** *1 sing. fut. ind. of* **hacer**

has *2 sing. pres. ind. of* **haber**; **has de** you are to, you must

hasta *prep.* until, as far as, up to; **hasta que** *conj.* until; **hasta aquí** as far as this

hay there is, there are; **no hay que one** (you) must not; **no lo hay** there isn't any

he *1 sing. pres. ind. of* **haber**

he: **he aquí** behold, here is (are)

hecho *p. p. of* **hacer**

herido *p. p. of* **herir**

herir to wound, strike

hermana *f.* sister

hermano *m.* brother

hermoso beautiful, fair

hicieron *3 pl. pret. ind of* **hacer**

hidalguía *f.* nobleness, liberality

hierba *f.* grass

hierbecillas *f. pl.* grass, blades of grass

hierro *m.* iron

hija *f.* daughter

hijo *m.* son; *pl.* children; **hijo mayor** eldest son; **hijo menor** youngest son

hirió *3 sing. pret. ind. of* **herir**

hizo *3 sing. pret. ind. of* **hacer**

Holanda *f.* Holland

hombre *m.* man

honor *m.* honor

honrar to honor

hora *f.* hour

horma *f.* shoemaker's last

hospital *m.* hospital

hospitalidad *f.* hospitality

hoy to-day; **desde hoy** from to-day on

hu-u-u-u imitation of the sound of the wind

hubo *3 sing. pret. ind. of* **haber**; **hubo de exclamar** exclaimed, went on to exclaim; **se hubo de colar** began to pass (into)

huele *3 sing. pres. ind. of* **oler**

huerto *m.* garden

huir to flee, run away

humano human

húmedo wet, damp

huyendo *pres. p.* **huyeron** *3 pl. pret. ind.* **huyó** *3 sing. pret. ind. of* **huir**

I

iba *1 and 3 sing. imp. ind. of* **ir**

ida *f.* going

ido *p. p. of* **ir**

iglesia *f.* church

ignorante ignorant

igual equal, uniform, unchangeable

igualmente equally

impetuosísimo very impetuous, rushing, raging

impetuoso impetuous

importa *3 sing. pres. ind. of* **importar**

importante important

importar to matter, be important

imposible impossible

indispensable indispensable

individuo *m.* individual, person

infame infamous, vile

infinito infinitely, exceedingly

inflamado *p. p. of* **inflamar**

inflamar to inflame, inspire

informar to inform; **informarse** to find out

ingenuamente ingenuously, frankly

inglés English; *m.* Englishman

ingrato ungrateful, ingrate; harsh, disagreeable

inminente imminent

inmóvil motionless

insaciable insatiable, never satisfied

insistió *3 sing. pret. ind. of* **insistir**

insistir to insist

instante, *m.* instant, moment; **al instante** at once, immediately

interés *m.* interest

interpretaba *1 and 3 sing. imp. ind. of* **interpretar**

interpretar to interpret

intransitable impassable

inundar to flood

inundaron *3 pl. pret. ind. of* **inundar**

invadir to invade

invasión *f.* invasion

invención *f.* invention

inventar to invent

invento *1 sing. pres. ind. of* **inventar**

ir to go; **irse** to go away, go off; **irse a pique** to sink, founder

irrita *3 sing. pres. ind. of* **irritar**

irritar to irritate; **irritarse** to become irritated, angry

Isabel *f.* Isabella

izquierdo left

J

jabalí *m.* wild boar

Jalma *m. name of man*

jamás never

jardín *m.* garden

jefe *m.* chief

José *m.* Joseph

joven young; *m.* young man; *f.* girl, young woman

Juan *m.* John

juez *m.* judge

Julieta *f.* Juliet

junto together; **junto a** near, close to

jurar to swear

juro *1 sing. pres. ind. of* **jurar**

juzgado *m.* court

L

la *pers. pro.* she, it

la *f.* the; **la que** she who, the one who; **la de** she of, that of, she who was

lacre *m.* sealing wax

lado *m.* side; **por todos lados** on all sides

ladrón *m.* robber, thief

lamentación *f.* lament, cry

lamentar, **lamentarse** to lament, grieve

lamento *m.* moan, cry

Lamsaco *m.* Lampsacus (*in ancient geography, a city of Asia Minor on the Hellespont*)

lanza *f.* lance

largo long

las *pl. of* **la** the; **las de** those of

las, *pers. pro.* them, you

lavaba *1 and 3 sing. imp. ind. of* **lavar**

lavar to wash

le him, to him, to her, you, to you

leal loyal

Leal *m. name of Aliatar's horse*

lección *f.* lesson

leche *f.* milk

lecho *m.* couch, bed

leer to read

legua *f.* league

leído *p. p. of* **leer**

lejos far

lengua *f.* tongue, language

leña *f.* firewood

les to them

lesna *f.* awl

letrero *m.* sign, notice

levantar to raise, lift; **levantarse** to rise, get up

levantaron *3 pl. pret. ind.* **levantó** *3 sing. pret. ind. of* **levantar**

libertad *f.* freedom, liberty; **poner en libertad** to set free

librar to free

libre free

libren *3 pl. pres. subj. of* **librar**

liebre *f.* hare

ligereza *f.* swiftness, fleetness

lis *f.*: **flor de lis** fleur-de-lis, iris

lo *pers. pro.* him, it

lo *neut. art.* the; **lo que** what, that which, which

Loja *f.* name of place

loro *m.* parrot

los *pl. of* **el** the

los *pers. pro.* them, you

lucir to show, display

luchando *pres. p. of* **luchar**

luchar to struggle

luego then, therefore

lugar *m.* place, village

lugareño *m.* villager

lujoso luxurious

luz *f.* light

Ll

llamaba *1 and 3 sing. imp. ind.* **llamado** *p. p. of* **llamar**

llamar to call, knock; **llamarse** to be called; **me llamo** my name is

llamaré *1 sing. fut. ind.* **llamo** *1 sing. pres. ind.* **llamó** *3 sing. pret. ind. of* **llamar**

llave *f.* key

llega *3 sing. pres. ind.* **llegan** *3 pl. pres. ind.* **llegando** *pres. p. of* **llegar**

llegar to arrive; **al llegar** on arriving

llegaron *3 pl. pret. ind.* **llego** *1 sing. pres. ind.* **llegó** *3 sing. pret. ind.* **llegue** *1 and 3 sing. pres. subj. of* **llegar**

llegué *1 sing. prt. ind. of* **llegar**; **llegué a dudar** I really doubted

lleno full

lleva *impv. sing. of* **llevar**; **llévatela** take it along

lleva *3 sing. pres. ind.* **llevaba** *1 and 3 sing. imp. ind.* **llevando** *pres. p. of* **llevar**

llevar to carry, take, wear, bear; **llevarse** to carry off

llevaré *1 sing. fut. ind.* **llevaría** *1 and 3 sing. cond.* **llevaron** *3 pl. pret. ind.* **llevase** *1 and 3 sing. imp. subj.* **llevasen** *3 pl. imp. subj.* **lleve** *1 and 3 sing. pres. subj. of* **llevar**

lleven *3 pl. pres. subj. of* **llevar**; **llévense** carry away

llevó *3 sing. pret. ind. of* **llevar**

llorando *pres. p. of* **llorar**

llorar to weep, cry

llover to rain; **llover a cántaros** to rain hard, pour

llovía *3 sing. imp. ind.* **llueve** *3 sing. pres. ind. of* **llover**

lluvia *f.* rain

M

madre *f.* mother

Madrid *m.* Madrid (*capital of Spain*)

madriguera *f.* burrow, den

magnífico magnificent, splendid

majestad *f.* majesty

mal *m.* harm, injury

mal *adj.* see **malo**

mal *adv.* badly, ill

malo bad, ill

mandado *p. p. of* **mandar**

mandar to order, command; send; **mandar hacer** to have made; **mandar quemar** to order to be burned

manera *f.* manner, way; **de la misma manera** in the same way; **de esta (esa) manera** in this (that) way

mango *m.* handle

maniatado *p. p. of* **maniatar**

maniatar to tie one's hands, manacle

manifestar to state, inform

manifestó *3 sing. pret. ind. of* **manifestar**

mano *f.* hand

mantener to support

mañana *f.* morning; *adv.* to-morrow; **por la mañana** in the morning

mar *m.* sea

marido *m.* husband

marinero *m.* sailor

marchar to march, go; **marcharse** to go, go off

marcharon *3 pl. pret. ind.* **marchó** *3 sing. pret. ind. of* **marchar**

martillo *m.* hammer

marzo *m.* March

mas but

más more, most

mata *f.* bush, shrub

matado *p. p. of* **matar**

matar to kill

matara *1 and 3 sing. imp. subj.* **matas** *2 sing. pres. ind. of* **matar**

matasiete *m.* killer of seven, seven-killer

mato *1 sing. pres. ind.* **mató** *3 sing. pret. ind. of* **matar**

matrimonio *m.* marriage

mayor greater, greatest, larger, largest, older, oldest

me me, to (for) me

medalla *f.* medal, medallion

mediano medium, medium-sized

medias *f. pl.* stockings

medicina *f.* medicine

médico *m.* doctor

medio half, mid; **media noche** midnight

meditar to consider, meditate

meditó *3 sing. pret. ind. of* **meditar**

mejor better, best

menear to stir, shake; **menearse** to stir about, "hustle"

meneo *1 sing. pres. ind. of* **menear**

menor smaller, younger, youngest

menos less, least

menospreciado *p. p. of* **menospreciar**

menospreciar to underrate, despise

merece *3 sing. pres. ind. of* **merecer**

merecer to deserve

mereces *2 sing. pres. ind.* **merecía** *1 and 3 sing. imp. ind. of* **merecer**

mes *m.* month

mesa *f.* table; **poner la mesa** to set (lay) the table

metamorfosis *f.* metamorphosis, transformation

meter to put; **meterse** to get in; **meterse detrás de** to get behind

metió *3 sing. pret. ind. of* **meter**

mezquino mean, paltry, poor

mi my

mí me

miedo *m.* fear; **tener miedo** to be afraid

mientras while, as long as

mieses *f. pl.* crops

mil a thousand

minuto *m.* minute

mío mine, my; **el mío** mine

mira *3 sing. pres. ind.* **miraba** *1 and 3 sing. imp. ind. of* **mirar**

mirada *f.* look, glance

mirando *pres. p. of* **mirar**

mirar to look at; **mirar por** to look out of

miren *3 pl. pres. subj. of* **mirar**; **mírenlo Vds.** look at him

miró *3 sing. pret. ind. of* **mirar**

miserable wretched; *m.* wretched man

miseria *f.* poverty

mismo same; **lo mismo que** the same as, as well as

modesto modest

modo *m.* mode, manner; **de tal modo** in such a way; **del propio modo** in the same way

molinero *m.* miller

momento *m.* moment; importance

mona *f.* monkey

moneda *f.* coin

montar to mount

monte *m.* mountain

montó *3 sing. pret. ind. of* **montar**

mordaza *f.* gag

moribundo dying

morir, **morirse** to die

morirás *2 sing. fut. ind.* **moriré** *1 sing. fut. ind.* **moriréis** *2 pl. fut. ind. of* **morir**

moro *m.* Moor

mosca *f.* fly

mosquito *m.* mosquito

motivo *m.* motive

mover, **moverse** to move

moveré *1 sing. fut. ind.* **movía** *1 and 3 sing. imp. ind. of* **mover**

movimiento *m.* movement

movió *3 sing. pret. ind. of* **mover**

mozo *m.* porter

muchísimo very much

mucho much; *pl.* many

muebles *m. pl.* furniture

muerte *f.* death

muerto *p. p. of* **morir**

mueve *3 sing. pres. ind. of* **mover**

mujer *f.* woman, wife

mundo *m.* world

murió *3 sing. pret. ind. of* **morir**

música *f.* music

muy very

N

nada nothing; not at all

nada *3 sing. pres. ind. of* **nadar**

nadar to swim

nadie no one, nobody**nado** *1 sing. pres. ind. of* **nadar**

natural natural

necesario necessary; **todo lo necesario** everything necessary

necesidad *f.* necessity

necesita *3 sing. pres. ind. of* **necesitar**

necesitar to need

necio *m.* fool

negado *p. p. of* **negar**

negar to deny; **negarse (a)** to refuse

negocios *m. pl.* business

negro black; *m.* negro

nevar to snow

ni nor, not even; **ni ... ni** neither ... nor

nieve *f.* snow

ninguno no, none; no one

niña *f.* girl, child

no no; not

noble noble; *m.* noble

noche *f.* night; **de noche**, **por la noche** at night

nombrado celebrated, famous

nombre *m.* name

norte *m.* north

nos us, to us

notar to note, observe

noticia *f.* news

notó *3 sing. pret. ind. of* **notar**

noventa ninety

noviembre *m.* November

novio *m.* lover, fiance

nube *f.* cloud

nuestro our, ours, of ours

nueve nine

nuevo new; **de nuevo** again

número *m.* number

nunca never

O

o or; **o ... o** either ... or

o, **oh** *inter.* oh

obedecer to obey

obedeció *3 sing. pret. ind. of* **obedecer**

obligar to oblige, compel

obligó *3 sing. pret. ind. of* **obligar**

obra *f.* work

obrero *m.* workman

obsequiar to entertain, show attention; **obsequiar a porfía** to show rivalry in entertaining

obsequiaron *3 pl. pret. ind. of* **obsequiar**

observar to observe

observó *3 sing. pret. ind. of* **observar**

obtener to obtain

ocasión *f.* occasion, opportunity

oculta *3 sing. pres. ind. of* **ocultar**

ocultar to hide, conceal

ocurrido *p. p. of* **ocurrir**

ocurrir to happen, occur

ochenta eighty

ocho eight; **ocho días** a week

oficial *m.* officer

oficina *f.* office

oficio *m.* work, trade, business

ofrecer to offer, promise

ofrecieron *3 pl. pret. ind.* **ofreció** *3 sing. pret. ind.* **ofrezco** *1 sing. pres. ind. of* **ofrecer**

oír to hear; **al oír** on hearing

ojo *m.* eye

oleaje *m.* surge, waves

oler (a) to smell (of)

olvidado *p. p.* **olvidando** *pres. p. of* **olvidar**

olvidar to forget

olvide *1 and 3 sing. pres. subj. of* **olvidar**; **no olvide Vd.** don't forget; **olvidó** *3 sing. pret. ind. of* **olvidar**

olla *f.* pot, kettle

ora ... ora now ... now

orden *f.* order; **a las órdenes** under the command

ordinario ordinary; **de ordinario** usual

oriente *m.* East, orient

orilla *f.* bank, shore; **a orillas** on the shore

oro *m.* gold

oscuro dark; **a oscuras** in the dark

oso *m.* bear

otoño *m.* autumn

otro other, another; **otra vez** again; **otro tanto** as much more

oveja *f.* sheep

oyeron *3 pl. pret. ind. of* **oír**

oyó *3 sing. pret. ind. of* **oír**; **oyó las dos** he heard two o'clock strike

P

paciente patient

padre *m.* father

pagado *p. p. of* **pagar**

pagar to pay

pagó *3 sing. pret. ind. of* **pagar**

país *m.* country

pájaro *m.* bird

palabra *f.* word; **tener palabra** to keep one's word

palacio *m.* palace

pan *m.* bread; **pan tierno** fresh bread; **pan duro** stale bread

panal *m.* honey-comb

pañuelo *m.* handkerchief

papá *m.* papa

para for, in order to; **para que** in order that

paraguas *m.* umbrella

parece *3 sing. pres. ind. of* **parecer**

parecer to seem, appear; **parecerse a** to look like; **qué le parece a Vd.** what do you think of, how do you like

parecerá *3 sing. fut. ind.* **parecía** *3 sing. imp. ind.* **parecían** *3 pl. imp. ind.* **pareció** *3 sing. pret. ind. of* **parecer**

pariente *m.* relative

parte *f.* part; **en ninguna parte** nowhere, not anywhere; **por todas partes** everywhere

pasa *3 sing. pres. ind.* **pasaba** *1 and 3 sing. imp. ind. of* **pasar**

pasado *p. p. of* **pasar**; past

pasar to pass; **pasar de** to be more than, exceed; **al pasar** on passing

paseaba *1 and 3 sing. imp. ind. of* **pasear**

pasearse to take a walk, ride, drive

paseo *1 sing. pres. ind. of* **pasear**

paseo *m.* walk; **dar un paseo** to take a walk

pasmar to stun, astound; **pasmarse** to be astounded, stunned

pasmaron *3 pl. pret. ind. of* **pasmar**

paso *m.* step, passage; **dar un paso** to take a step

pasó *3 sing. pret. ind. of* **pasar**

patata *f.* potato

patio *m.* court-yard

pato *m.* duck

pavo *m.* turkey

paz *f.* peace, tranquillity

peana *f.* pedestal

pecado *m.* sin

pedazo *m.* piece; **hacer pedazos** to break into pieces

pedía *1 and 3 sing. imp. ind.* **pedido** *p. p. of* **pedir**

pedir to ask, ask for, order

Pedro *m.* Peter

peinar to comb; **peinarse** to comb one's hair

peine *m.* comb

peinó *3 sing. pret. ind. of* **peinar**

peligro *m.* danger, peril

pena *f.* pain, grief

penoso painful, laborious

pensaba *1 and 3 sing. imp. ind.* **pensando** *pres. p. of* **pensar**

pensar (**en**) to think (of), intend

peor worse, worst

pequeño small, little

perder to lose

perderás *2 sing. fut. ind. of* **perder**

perdido *p. p. of* **perder**; **me he perdido** I am ruined; **se me ha perdido** he is lost

perdonar to pardon

perdone *1 and 3 sing. pres. subj. of* **perdonar**; **perdóneme Vd.** pardon me

perdono *1 sing. pres. ind. of* **perdonar**

Pérez *m.* name of man

perfecto perfect

perito expert

perjudica *3 sing. pres. ind. of* **perjudicar**

perjudicar to damage, injure, be prejudicial

permanecer to remain

permaneció *3 sing. pret. ind. of* **permanecer**

permiso *m.* permission

permiten *3 pl. pres. ind. of* **permitir**

permitir to permit, allow

pero but

perseguir to pursue

persiguieron *3 pl. pret. ind. of* **perseguir**

persona *f.* person; **hacer de persona** to exalt oneself, show off

perro *m.* dog

pesar *m.* sorrow; **a pesar de** in spite of

peseta *f.* peseta, franc

piamontés *m.* Piedmontese (*one from Piedmont, a region in northwestern Italy*)

pícaro villanous, mischievous

picapedrero *m.* stone-cutter

picarón *m.* rascal, rogue

pide *3 sing. pres. ind.* **pidiendo** *pres. p.* **pidió** *3 sing. pret. ind. of* **pedir**

pie *m.* foot

piedra *f.* stone

pierda *1 and 3 sing. pres. subj. of* **perder**

pilar *m.* column

pillan *3 pl. pres. ind. of* **pillar**

pillar to seize, catch

pintor *m.* painter

pique *m.* pique; **irse a pique** to founder, sink, go to the bottom

plano *m.* plan

planta *f.* plant; **echar plantas** to brag, boast

plantar to plant

planté *1 sing. pret. ind. of* **plantar**

plata *f.* silver

plato *m.* plate

plazo *m.* period, time

plebeyo plebeian; *m.* plebeian, commons

pleito *m.* law-suit

pluma *f.* pen

población *f.* town

pobre poor; **el pobre** the poor man; **los pobres** the poor (people, animals, etc.); **pobre de mí** alas for me

poco little; *pl.* few; **a los pocos días** after a few days; **poco antes** shortly before; **poco después** shortly after

podemos *1 pl. pres. ind. of* **poder**

podenco *m.* hound; **digo que podencos** I say hounds

poder to be able, can

poder *m.* power

poderoso powerful

podía *1 and 3 sing. imp. ind. of* **poder**

podían *3 pl. imp. ind. of* **poder**; **nada podían** they could do nothing, were powerless

podré *1 sing. fut. ind.* **podría** *1 and 3 sing. cond. of* **poder**

polvo *m.* dust

pollo *m.* chicken

ponderado *p. p. of* **ponderar**

ponderar to praise highly

poner to put; **ponerse** to get, become; **ponerse en camino** to set out; **poner en libertad** to set free; **poner la mesa** to set the table

poniente *m.* West

por for, by, through, for the sake of, in exchange for; **por entre** among; **por allí** over there; **por ciento** per cent; **por entonces** at that time

porción *f.* portion

porfía *f.* obstinacy; **obsequiaron a porfía** they rivalled each other in showing attentions

porfiar to insist

porfió *3 sing. pret. ind. of* **porfiar**

porque because

porqué, **por qué** why

posada *f.* inn, hotel

posadera *f.* landlady, innkeeper's wife

poseer to possess, own

poseía *1 and 3 sing. imp. ind.* **poseo** *1 sing. pres. ind. of* **poseer**

posible possible

potro *m.* colt

prado *m.* meadow, field

preceder to precede

precedido *p. p. of* **preceder**

precio *m.* price

precioso precious

precisamente exactly

preciso necessary

preferir to prefer

prefiero *1 sing. pres. ind. of* **preferir**

pregunta *f.* question; **hacer una pregunta** to ask a question

pregunta *3 sing. pres. ind.* **preguntando** *pres. p. of* **preguntar**

preguntar to ask

preguntaré *1 sing. fut. ind.* **preguntaron** *3 pl. pret. ind.* **preguntó** *3 sing. pret. ind. of* **preguntar**

prendero *m.* pawnbroker

preparar to prepare

preparó *3 sing. pret. ind. of* **preparar**

presencia *f.* presence

presentaba *1 and 3 sing. imp. ind.* **presentando** *pres. p. of* **presentar**

presentar to present

presentarás *2 sing. fut. ind. of* **presentar**

presente present

presentó *3 sing. pret. ind. of* **presentar**

preso imprisoned; *m.* prisoner

prestar to lend

presto *1 sing. pres. ind. of* **prestar**

primer, **primero** first

primor *m.* excellence, dexterity

princesa *f.* princess

principal principal, chief

príncipe *m.* prince

prisa *f.* hurry, haste; **tener prisa** to be in a hurry

prisionero *m.* prisoner

probable probable

probado *p. p. of* **probar**

probar to try, taste

probó *3 sing. pret. ind. of* **probar**

profundamente deeply

promesa *f.* promise

prometer to promise

prometido *p. p.* **prometí** *1 sing. pret. ind.* **prometió** *3 sing. pret. ind. of* **prometer**

pronto soon; **tan pronto como** as soon as

propio own; same

provincia *f.* province

provisto (**de**) provided (with)

próximo next

pudiera *1 and 3 sing. imp. subj. of* **poder**; **si yo pudiera** if I could (might)

pudieran *3 pl. imp. subj. of* **poder**; **pudieran Vds**. you might be able

pudo *3 sing. pret. ind. of* **poder**

pueblo *m.* village, town; people

pueda *1 and 3 sing. pres. subj.* **puede** *3 sing. pres. ind.* **pueden** *3 pl. pres. ind.* **puedes** *2 sing. pres. ind.* **puedo** *1 sing. pres. ind. of* **poder**

puerca *f.* pig

puerco *m.* pig

puerta *f.* door, gate

puerto *m.* port, harbor

pues *adv.* then, therefore, well; *conj.* for, since, as; **pues bien** very well, well then; **pues qué** well then, what then; **pues que** since

puesto que since

pulso *m.* pulse; **tomar el pulso** to feel the pulse

punto *m.* point; **a punto de** on the point of

puñal *m.* dagger

puro pure

pusieron *3 pl. pret. ind.* **puso** *3 sing. pret. ind. of* **poner**

Q

que *rel. pro.* who, that, which; **lo que** what, which; **el que** he who, the one who; **la que** she who, the one who

que *conj.* that; for; than, as; **con que** so then, so that; **que sea** let it be; **que Alá los guarde** may Allah protect you

qué what; how; **qué tal** what do you think of it; **qué bien** how well; **pues qué** what then, well then; **y qué** and what of that; **qué tienes** what's the matter with you

quedar, **quedarse** to remain

quedo quiet

quejido *m.* moan

quemaban *3 pl. imp. ind.* **quemado** *p. p. of* **quemar**

quemar to burn; **mandar quemar** to order to be burned

querer to wish, want; love

quería *1 and 3 sing. imp. ind.* **querían** *3 pl. imp. ind.* **querido** *p. p.* **queriendo** *pres. p. of* **querer**

quien, **quién** who; **de quien** whose; **a quien** whom

quiera *1 and 3 sing. pres. subj.* **quieras** *2 sing. pres. subj.* **quiere** *3 sing. pres. ind.* **quieres** *2 sing. pres. ind.* **quiero** *1 sing. pres. ind. of* **querer**

quieto quiet, still

quinientos five hundred

quisiera *1 and 3 sing. imp. subj. of* **querer**; I should like, he would like

quitar, **quitarse** to take away, take off, remove

quitó *3 sing. pret. ind. of* **quitar**

R

rabia *f.* rage

raro rare, odd

rayo *m.* ray, beam

raza *f.* race

razonable reasonable

real *m.* (*¼ of a peseta or about 5 cents*)

recetado *p. p. of* **recetar**

recetar to prescribe

recibido *p. p.* **recibió** *3 sing. pret. ind. of* **recibir**

recibir to receive

recibirá *3 sing. fut. ind. of* **recibir**

recluta *m.* recruit

recoger to get again, pick up

recogeré *1 sing. fut. ind. of* **recoger**

reconocer to recognize

reconoces *2 sing. pres. ind. of* **reconocer**

recorrer to go over, go all through

recorrió *3 sing. pret. ind. of* **recorrer**

recuerdo *m.* souvenir, remembrance

referir to refer, relate, tell

refirieron *3 pl. pret. ind.* **refirió** *3 sing pret. ind. of* **referir**

regalar to give, present

regalo 1 *sing. pres. ind.* **regaló** *3 sing. pret. ind. of* **regalar**

regalo *m.* present, gift; gratification, regalement

regla *f.* rule

regocijo *m.* rejoicing

rehusar to refuse

reloj *m.* clock, watch

remediar to remedy, help

remedio *m.* remedy, help

remendando *pres. p. of* **remendar**

remendar to mend

remozado *p. p. of* **remozar**

remozar to rejuvenate, make young again

remozarán 3 pl. fut. ind. of remozar

rendir, **rendirse** to surrender

replica *3 sing. pres. ind. of* **replicar**

replicar to reply

replicó *3 sing. pret. ind. of* **replicar**

reposaba *1 and 3 sing. imp. ind. of* **reposar**

reposar to rest, repose

reprender to reprove, reprimand

reprendió *3 sing. pret. ind. of* **reprender**

requisito *m.* requisite

rescate *m.* ransom

resignar to resign; **resignarse** to be resigned

resistencia *f.* resistance

resoplido *m.* snort

responde *3 sing. pres. ind. of* **responder**

responder to answer, reply

respondió *3 sing. pret. ind. of* **responder**

respondiole = **le respondió**

respuesta *f.* answer, reply

retroceder to draw back

retrocedió *3 sing. pret. ind. of* **retroceder**

reverdecen *3 pl. pres. ind. of* **reverdecer**

reverdecer to grow green again

revuelta *f.* return, winding

rey *m.* king

rico rich; **el rico** the rich man

rienda *f.* rein

rigor *m.* rigor, severity; **en rigor** to be precise, strictly speaking

río *m.* river

riqueza *f.* wealth

robado *p. p. of* **robar**

robar to steal

roca *f.* rock

rodeaban *3 pl. imp. ind. of* **rodear**

rodeado *p. p. of* **rodear**; **rodeado de** surrounded by

rodear to surround

rojo red

Romeo *m.* Romeo

rostro *m.* face

rotundamente roundly, positively

rudamente roughly, hard

rudo rough, hard

ruido *m.* noise

S

sabe *3 sing. pres. ind.* **saben** *3 pl. pres. ind. of* **saber**

saber to know, know how; learn

sabes *2 sing. pres. ind.* **sabía** *1 and 3 sing. imp. ind.* **sabían** *3 pl. imp. ind. of* **saber**

sabido *p. p. of* **saber**; **tenga sabido** learn, bear in mind

sabio wise; *m.* wise man, sage

sacar to take out, bring out, put out

sacaron *3 pl. pret. ind.* **sacó** *3 sing. pret. ind. of* **sacar**

sacre *m.* falcon

sacudió *3 sing. pret. ind. of* **sacudir**

sacudir to shake

sala *f.* room

salario *m.* salary, pay

salga *1 and 3 sing. pres. subj. of* **salir**; **que salga** let him (her) come forth; **salga bien o mal** whether it prove good or bad

salía *1 and 3 sing. imp. ind.* **salido** *p. p.* **saliendo** *pres. p.* **salieron** *3 pl. pret. ind.* **salió** *3 sing. pret. ind. of* **salir**

salir to go out, come out, leave

saltar to leap, jump

saltó *3 sing. pret. ind. of* **saltar**

saludar to greet, salute

saludó *3 sing. pret. ind. of* **saludar**

salvar to save

salvó *3 sing. pret. ind. of* **salvar**

Satanás *m.* Satan

satisfecho (**de** *or* **con**) satisfied (with)

se *reflex pro.* himself, herself, themselves, yourself, yourselves; to himself, etc.

se *pers. pro. It is used as a substitute for* **le**, **les** *when these are immediately followed by another pronoun of the third person. So* **se lo** *means*, it to him (her, them, you) **Se lo doy** I give it to him (her, them, you)

sé *1 sing. pres. ind. of* **saber**

sea *1 and 3 sing. pres. subj. of* **ser**; **que sea** let it be

seco dry

secreto *m.* secret

sed *f.* thirst; **tener sed** to be thirsty

seda *f.* silk

seguía *1 and 3 sing. imp. ind.* **seguían** *3 pl. imp. ind. of* **seguir**

seguida, **en seguida** at once, immediately

seguido *p. p. of* **seguir**; **seguido de** followed by

seguir to follow, go on, continue

según according to (as)

segundo second

seis six

semana *f.* week

senda *f.* path

sentado *p. p. of* **sentar**; seated, sitting

sentar to seat; **sentarse** to sit down; **al sentarse** on sitting down

sentencia *f.* sentence, verdict, judgment

sentía *1 and 3 sing. imp. ind. of* **sentir**

sentimiento *m.* sentiment, feeling

sentir to feel, regret

sentó *3 sing. pret. ind. of* **sentar**

señalando *pres. p. of* **señalar**

señalar to point out

señor *m.* sir, gentleman, Mr.

señora *f.* lady, madam, Mrs.

señorita *f.* young lady, young mistress, Miss

seor *popular form of* **señor**

ser to be

será *3 sing. fut. ind.* **serán** *3 pl. fut. ind.* **seré** *1 sing. fut. ind.* **sería** *1 and 3 sing. cond. of* **ser**

serpiente *f.* serpent, snake

servicio *m.* service

servidor *m.* servant, servitor

servir to serve; **servir de** to serve as

servirá *3 sing. fut. ind. of* **servir**

sesenta sixty

setenta seventy

sí himself, herself, themselves; **para sí** to himself, etc.; **entre sí** within himself, etc.

sí yes; **contestó que sí** he answered yes; **dijo que sí** he said yes

si if

siempre always; **para siempre** forever; **siempre que** whenever

sienta *impv. sing. of* **sentar**; **siéntate** sit down

siento *1 sing. pres. ind. of* **sentar** or **sentir**

siesta *f.* siesta, after-dinner nap

siete seven

siguiendo *pres. p. of* **seguir**

siguiente following; **al día siguiente** on the following day

siguieron *3 pl. pret. ind.* **siguió** *3 sing. pret. ind. of* **seguir**

silbo *m.* hiss

silla *f.* chair

sin without

sino but, except; **sino que** but

sintió *3 sing. pret. ind. of* **sentir**

sirviente *m.* servant

sitio *m.* place, spot

sobre on, upon, over; **sobre todo** especially, above all

sol *m.* sun, sunshine; **hace sol** the sun is shining, the sun shines; **hacía sol** the sun shone, was shining

solamente only

soldado *m.* soldier

soler to be accustomed

solía *1 and 3 sing. imp. ind. of* **soler**

solo alone

sólo only

sombra *f.* shadow, shade

sombra *3 sing. pres. ind. of* **sombrar**

sombrar to shade

sombrero *m.* hat

sombrilla *f.* parasol, sunshade

sonar to sound, play

sonido *m.* sound

sonó *3 sing. pret. ind. of* **sonar**

sonreir, **sonreirse** to smile

sonrió *3 sing. pret. ind. of* **sonreir**

soñaba *1 and 3 sing. imp. ind. of* **soñar**

soñar (con) to dream (of)

soñó *3 sing. pret. ind. of* **soñar**

sopa *f.* soup

sorprender to surprise

sorprendió *3 sing. pret. ind. of* **sorprender**

sospechar to suspect

sostener to sustain, hold

sostenían *3 pl. imp. ind.* **sostienen** *3 pl. pres. ind. of* **sostener**

soy *1 sing. pres. ind. of* **ser**

su *pl.* **sus** his, her, its, your, their

subir to go up, climb

subo *1 sing. pres. ind. of* **subir**

suceder to happen

sucedió *3 sing. pret. ind. of* **suceder**

suceso *m.* event

sudor *m.* perspiration

suegra *f.* mother-in-law

suelo *1 sing. pres. ind. of* **soler**

suelo *m.* floor, ground

sueño *m.* sleep, dream; **en sueños** when he was dreaming

suerte *f.* fate, lot, luck; manner; **de aquesta (esta) suerte** in this manner

sujetar to hold fast, overpower

sujetó *3 sing. pret. ind. of* **sujetar**

suma *f.* sum, amount

supo *3 sing. pret. ind. of* **saber**

suponer to suppose; **suponerse** to be supposed

supremo supreme, critical

sur *m.* south

suspiraba *1 and 3 sing. imp. ind.* **suspirando** *pres. p. of* **suspirar**

suspirar to sigh

suyo his, her, its, their, your; **el suyo** his own, her own, etc.; **los suyos** your men, his men

T

tal such; **tal vez** perhaps; **qué tal** what do you think of it, how are you

talento *m.* talent, ability

tallo *m.* stalk, stem

tamaño *m.* size

también also

tampoco neither, not either

tan so, as

tanto as much, so much; *pl.* as many, so many; **tantas veces** so often; **otro tanto** just as much, as much more

tapa *3 sing. pres. ind. of* **tapar**

tapar to cover, hide

tarde late

tarde *f.* afternoon, evening; **por la tarde** in the afternoon

tarea *f.* task

taza *f.* cup

te you, to you

temprano early

ten *impv. sing. of* **tener**; **tente** *impv. sing. of* **tenerse** stop

tender to stretch, stretch out

tendido *p. p. of* **tender**; **a galope tendido** at full gallop

tendrían *3 pl. cond. of* **tener**

tenedor *m.* fork

tenemos *1 pl. pres. ind. of* **tener**

tener to have, hold; **tenerse** to stop; **tener cuidado** to be careful, to be alarmed; **tener hambre** to be hungry; **tener mucha hambre** to be very hungry; **tener miedo** to be afraid; **tener palabra** to keep one's word; **tener prisa** to be in a hurry; **tener que** to have to, must; **qué tienes** what's the matter with you; **cuántos años tenía** how old he (she) was

tenga *1 and 3 sing. pres. subj. of* **tener**; **tenga sabido** learn, bear in mind

tengas *2 sing. pres. subj.* **tengo** *1 sing. pres. ind.* **tenía** *1 and 3 sing. imp. ind.* **tenían** *3 pl. imp. ind.* **tenido** *p. p. of* **tener**

tercer, **tercero** third

término *m.* term

tesoro *m.* treasure

testamento *m.* will

testigo *m.* and *f.* witness

tiempo *m.* time; weather; **con**

el tiempo in the course of time; **mucho tiempo** a long time; **hace mal tiempo** it's bad weather; **hace mucho tiempo** a long time ago

tienda *f.* shop, store

tienen *3 pl. pres. ind.* **tienes** *2 sing. pres. ind. of* **tener**

tierno tender; **pan tierno** fresh bread

tierra *f.* earth, land

tigre *m.* tiger

tirar to throw

tiritando *pres. p. of* **tiritar**

tiritar (de) to tremble, shake (with)

tiró *3 sing. pret. ind. of* **tirar**

tocar to touch; play (*musical instrument*)

tocó *3 sing. pret. ind. of* **tocar**

todavía still, yet

todo all, each; everything; **todos los hombres** every man; **sobre todo** especially, above all

toma *impv. sing.* **tomando** *pres. p. of* **tomar**

tomar to take; (*of soup*) to eat; **tomarse** to eat up; **tomar el pulso** to feel the pulse

tome *1 and 3 sing. pres. subj. of* **tomar**; **tómela Vd.** take it

tomó *3 sing. pret. ind. of* **tomar**

tontería *f.* foolish action

tonto foolish; *m. and f.* fool

toque *1 and 3 sing. pres. subj. of* **tocar**

torrente *m.* torrent

trabaja *3 sing. pres. ind. of* **trabajar**

trabajar to work

trabajo *1 sing. pres. ind. of* **trabajar**

trabajo *m.* work

traer to bring

traes *2 sing. pres. ind.* **traía** *1 and 3 sing. imp. ind. of* **traer**

traiga *1 and 3 sing. pres. subj. of* **traer**; **tráigame** bring me

trajese *1 and 3 sing. imp. subj.* **trajo** *3 sing. pret. ind. of* **traer**

tranquilizar to calm, reassure; **tranquilizarse** to be reassured

tranquilizó *3 sing. pret. ind. of* **tranquilizar**

transformado *p. p. of* **transformar**

transformar to transform, change

tras behind, after

tratar (de) to try (to)

trate *1 and 3 sing, pres, subj.* **trató** *3 sing. pret. ind. of* **tratar**

trazar to draw, trace

tres three

treinta thirty; **treinta y cinco** thirty-five

trigo *m.* wheat

triste sad

tristemente sadly

tristeza *f.* sadness, grief

tronco *m.* trunk

tu your

tú you

tumbado lying at ease

tunante *m.* rogue, rascal; **médico tunante** roguish physician

turista *m.* tourist

U

último last, latest; **por último** at last, finally

un, uno, una a, an, one; **la una** one o'clock

unos some

usted, **ustedes** you

usura *f.* usury

utilidad *f.* utility

uvas *f. pl.* grapes

V

va *3 sing. pres. ind. of* **ir**; **cómo le va** how are you; **bien va** first-rate

vaca *f.* cow

vadeable fordable

vado *m.* ford

vale *3 sing. pres. ind. of* **valer**; **más vale** it is better, worth more

valer to be worth

valga *1 and 3 sing. pres. subj. of* **valer**

valiente brave

valor *m.* value, bravery

valle *m.* valley

vamos *1 pl. pres. ind. or impv. of* **ir**; we go, let us go; *excl.* come

van *3 pl. pres. ind. of* **ir**

vano vain

variedad *f.* variety

vario various, varied; *pl.* several

vas *2 sing. pres. ind. of* **ir**

vaso *m.* glass

vaya *1 and 3 sing. pres. subj. of* **ir**; *excl.* I say, I tell you, come

Vd. Vds. (*abbreviations of* **usted**, **ustedes**) you

ve *3 sing. pres. ind. of* **ver**

V. E. (**Vuestra Excelencia**) your Excellency

vecina *f.* neighbor

veían *3 pl. imp. ind. of* **ver**

veloz swift

vencer to conquer, overcome

vencido *p. p. of* **vencer**

vende *impv. sing.* **venden** *3 pl. pres. ind. of* **vender**

vender to sell

vendimia *f.* vintage, time for gathering grapes

vendió *3 sing. pret. ind. of* **vender**

vendrán *3 pl. fut. ind.* **vendría** *1 and 3 sing. cond.* **venga** *1 and 3 sing. pres. subj.* **vengo** *1 sing. pres. ind.* **venía** *1 and 3 sing. imp. ind. of* **venir**

venida *f.* coming

venido *p. p. of* **venir**

venir to come

ventana *f.* window

veo *1 sing. pres. ind. of* **ver**

ver to see; **al ver** on seeing

verá *3 sing. fut. ind. of* **ver**

verano *m.* summer

veras; **de veras** really, truly, indeed

verás *2 sing. fut. ind. of* **ver**

verdad *f.* truth; **es verdad** it is true

vestido *m.* dress; *pl.* clothes

vestido *p. p. of* **vestir**

vez *f.* time; **una vez** once; **tantas veces** so often; **en vez de** instead of; **tal vez** perhaps; **a veces** at times; **otra vez** again; **muchas veces** often; **dos veces** twice

vida *f.* life, living

vieja *f.* old woman

viejísimo very old

viejo old; *m.* old man

viendo *pres. p. of* **ver**

viene *3 sing. pres. ind. of* **venir**; **el año que viene** next year

vienen *3 pl. pres. ind. of* **venir**

viento *m.* wind

vieron *3 pl. pret. ind. of* **ver**

vinagre *m.* vinegar

vino *m.* wine

vino *3 sing. pret. ind. of* **venir**

viña *f.* vineyard

vio *3 sing. pret. ind. of* **ver**

violencia *f.* violence

visitar to visit

visitó *3 sing. pret. ind. of* **visitar**

visto *p. p. of ver*

vive *3 sing. pres. ind.* **vivía** *1 and 3 sing. imp. ind.* **vivían** *3 pl. imp. ind.* **viviendo** *pres. p.* **vivieron** *3 pl. pret. ind.* **vivió** *3 sing. pret. ind. of* **vivir**

vivir to live; **vivir al día** to live from hand to mouth

vivo live, alive, lively

volaba *3 sing. imp. ind. of* **volar**

volar to fly

volvamos *1 pl. pres. subj. of* **volver**

volver to turn, return; **volver a** again; **vuelve a ser** he becomes again

volverán *3 pl. fut. ind.* **volveré** *1 sing. fut. ind.* **volvía** *1 and 3 sing. imp. ind.* **volvieran** *3 pl. imp. subj.* **volvieron** *3 pl. pret. ind.* **volvió** *3 sing. pret. ind. of* **volver**

voy *1 sing. pres. ind. of* **ir**

voz *f.* voice

vuela *3 sing. pres. ind.* **vuelo** *1 sing. pres. ind. of* **volar**

vuelta *f.* turn, return

vuelva *1 and 3 sing. pres. subj.* **vuelve** *3 sing. pres. ind. of* **volver**

vuestro your

Y

y and

ya already, now; **ya no, no ... ya** no longer; **ya lo comprendo** now I understand, I understand it all very well; **ya que** now that; **ya lo creo** well I should think so

yendo *pres. p. of* **ir**

yo I

Z

zagal *m.* shepherd

zapatería *f.* shoemaker's trade or shop

zapatero *m.* shoemaker

zapato *m.* shoe

Zaragoza *f.* Saragossa

zorra *f.* fox

9 789358 008517

Printed at Repro India Ltd.